Georg Kastenbauer

Die Kunst, offen „Nein" zu sagen

Der Autor: Georg Kastenbauer ist 1964 geboren. Er studierte Philosophie, Neuere Deutsche Literatur und Psychologie in München und Tübingen. Er veröffentlichte 1998 im Herbert Utz Verlag *Anwenden und Deuten. Kripkes Wittgensteininterpretation und die Goethezeit* und 2001 bei Books on Demand *Hinweise zum Glück*. Er lebt in München.
E-Mail-Adresse: kastenbauer@gmx.de

Inhalt

Vorwort

Manche denken bei einem Buch mit dem Titel „Die Kunst, offen ‚Nein' zu sagen" vielleicht an Erich Fromms berühmtes Buch „Die Kunst des Liebens"[1]. Und sie fragen sich vielleicht: Will da einer, was Fromm für die Liebe zeigt, einfach für eine bestimmte Art des Neinsagens zeigen? Aber warum gerade dafür? Ist das wirklich so wichtig? Warum ist es geraten, darin ähnlich wie beim Lieben eine Art Kunst (genauer: eine Lebenskunst[2]) auszubilden und diese Kunst der jeweiligen Situation entsprechend anzuwenden?

Darauf ist erst einmal zu antworten: Lassen Sie sich überraschen! In jedem Fall ist es gut, wenn Sie sich näher darauf einlassen, was in diesem Buch überhaupt unter einer „Kunst" verstanden wird. Hier wird nämlich davon ausgegangen, dass jede scheinbar noch so *einfache* Tätigkeit wie Gehen, Essen oder Sprechen eine Kunst ist. Und zwar deswegen, weil hier mit „Kunst" die Einstellung zu einer Tätigkeit gemeint ist, bei der die Tätigkeit nicht rein funktional verstanden wird. Stattdessen wird sie als etwas aufgefasst, das wir durch Vervollkommnung unserer intuitiven Fähigkeiten immer weiter verbessern können! Dabei ist es wichtig einzusehen: Eine solche Kunst hat nichts damit zu tun, eine Theorie in die Praxis umzusetzen. Sie wendet sich vielmehr direkt an unsere Intuitionen. Gute Bücher zu einer Kunst[3] sind deshalb keine theoretischen Bücher, sondern Übungsanleitungen bzw. Beschreibungen des Weges zur Vervollkommnung einer Tätigkeit. Ein wichtiger Unterschied zu einer Theorie, die in die Praxis umgesetzt wird, ist nämlich, dass hinter einer Kunst kein bestimmtes Denkgerüst steht, das verwirklicht wird. Vielmehr versucht man bei einer Kunst mit Hilfe von Hinweisen und Übungen, eine Fähigkeit zu erlangen bzw. zu verbessern, um sie im entscheidenden Augenblick nutzen zu können.

Dabei fällt es bei so scheinbar *einfachen* Tätigkeiten wie Gehen oder Sprechen wahrscheinlich jedem von uns leicht einzusehen, dass wir sie ohne Theorie gelernt haben, und vor allem, dass wir sie im Normalfall intuitiv, also ohne darüber nachzudenken, ausführen. Bei scheinbar komplizierteren Tätigkeiten, z. B. dem Klavierspielen, tut sich vielleicht mancher bei dieser Einsicht schwerer. Aber – betrachtet man diese Tätigkeiten genauer – ist es dabei ebenso. Man denke nur an Improvisationen auf dem Klavier, für die es keine Theorie gibt bzw. per se gar nicht geben kann.[4] Denn dabei werden im Idealfall nicht vorgefasste Schemata aktualisiert, sondern die Musiker wissen – wie das z. B. Keith Jarrett beschreibt[5] –, bevor sie sich ans Klavier setzen, überhaupt nicht, was sie spielen werden. Sie beginnen einfach zu spielen, was ihnen intuitiv an diesem Ort und zu dieser Zeit einfällt. Und erst damit erkennen sie während des Spielens, was ihnen aktuell aufgrund ihrer intuitiven Fähigkeiten in dieser Kunst möglich ist. Vorher ist ihnen das noch nicht klar!

Analog dazu ist es zu verstehen, wenn Ihnen hier eine bestimmte Art des Neinsagens als Kunst vorgestellt wird. Natürlich können Sie etwa in Rhetorik-Workshops auch Strategien oder Techniken dazu erlernen, wie Sie am besten „Nein" sagen. Aber das Entscheidende können Sie dabei nicht lernen: Wie bleibe ich dabei offen? Natürlich ist es wichtig, dass Sie dazu vorher, analog zum Klavierspielen, Fähigkeiten erlernt haben, sonst fällt Ihnen diese Tätigkeit sehr schwer. Aber es geht bei einer Kunst nicht darum, etwas Gelerntes abzurufen. Denn das ist nur eine andere Umschreibung für „eine Theorie in die Praxis umsetzen". Vielmehr ist zu lernen, wie Sie mit dem, was Sie gelernt haben, offen bleiben und so intuitiv der jeweiligen Situation entsprechen. Denn in der jeweiligen Situation, denken Sie nur ans Autofahren, müssen Sie oft in Sekundenbruchteilen das Richtige tun, um einer Gefahr zu entgehen. Hier haben Sie (meist) nicht mehr die Zeit, darüber nachzudenken, was jetzt richtig ist, sondern Sie müssen es einfach tun. Und Sie können damit erst im Tun erkennen, ob es richtig oder falsch ist, aber nicht vorher.

Zwar haben sich in den letzten Jahrzehnten Techniken herausgebildet, die sich scheinbar direkt an die Intuition wenden, wie z. B. NLP. Aber gerade bei NLP steht sehr deutlich eine Theorie hinter der Praxis, nämlich dass man sich mental programmieren könne. So ist NLP die Abkürzung für Neurolinguistic Programming. Damit wird gerade nicht versucht, eine offene Kunst zu erlernen, sondern es wird nahe gelegt, strikte Schemata einzuprogrammieren.[6] Hier gilt es darum, einen (weiteren) wichtigen Unterschied zwischen einer Kunst und einer Praxis, hinter der eine Theorie steht, anzuführen: Bei einer Kunst dürfen Sie nämlich nicht an Hinweisen und Übungsanleitungen kleben bleiben. Es sind immer zwei grundverschiedene Sachverhalte, über etwas zu reden und es zu tun. Das gilt auch für die in diesem Buch beschriebenen Anleitungen. Kurz: Entscheidend bei einer Kunst ist immer das Tun, das sich in jeder Situation wieder neu beweisen muss und das nur jeder für sich selbst auf seine eigene Weise lernen und ausführen kann.

Einleitung

Viele von uns kennen solche oder ähnliche Situationen. Hier nur ein Beispiel für viele:

In dem Mietshaus, in dem Sie mit 20 anderen Parteien wohnen, steht eine Dachrenovierung bevor. Ein Sachbearbeiter der Hausverwaltung ruft deshalb freitagabends bei Ihnen an und richtet folgende Bitte an Sie: Sie sollten doch so freundlich sein, noch am Samstag den Dachbodenschlüssel nachmachen zu lassen und diesen Schlüssel den Leuten der Renovierungsfirma montagmorgens auszuhändigen.

Wenn Sie die Zeit dazu haben und als freundlicher Mensch gelten wollen, sagen Sie evtl. spontan zu. Vielleicht haben Sie dabei im Hinterkopf: Es könnte ja sein, dass ich bald im Gegenzug die Hilfe der Hausverwaltung brauche, und da macht es sich natürlich schlecht, wenn ich mich schon einmal als unkooperativ gezeigt habe.

Sie lassen sich darum mit einer kurzen Erklärung des Sachbearbeiters abfertigen, warum die Hausverwaltung diese Angelegenheit nicht schon lange erledigt hat, und tun ihm den Gefallen. So weit, so gut! Sie haben ja keinen Schaden von dieser Situation, sondern Sie haben sich im Gegenteil als freundlicher und hilfsbereiter Mensch erwiesen. Und schließlich sind Sie ja auch daran interessiert, dass das Dach reibungslos renoviert wird.

Aber was ist, wenn Sie zwei Monate früher schon einmal schlechte Erfahrungen mit der Hausverwaltung gemacht haben? Und wenn es auch nur eine Kleinigkeit war! So hat dieser Dienstleistungsbetrieb Ihnen einen Brief des Kaminkehrers erst Monate später weitergeleitet. Und Sie konnten deswegen die in diesem Brief genannte Frist nicht einhalten, in der Sie einen Mangel an der Gasheizung beseitigen lassen sollten. Sagen Sie dann jetzt auch so ohne weiteres zu? Fragen Sie sich dann nicht, ob die Hausverwaltung vielleicht einfach ihre Arbeit, für die Sie sie zumindest mitbezahlen, nicht erfüllt? Aber sprechen Sie diese Gedanken am Telefon auch spontan aus? Und sagen Sie einfach „Nein" auf die Anfrage wegen des Dachbodenschlüssels?

Das ist eine ganz banale Situation. Ähnliche Situationen spielen sich im Arbeitsalltag oder im Verhältnis mit Freunden, Bekannten und der Familie fortwährend ab. Es geht dabei auf den ersten Blick gesehen meist nicht um wichtige Entscheidungen für das Leben. Trotzdem ist es nicht so, dass man aus dem Verhalten bei alltäglichen Situationen keine Verbindung zum Verhalten in wichtigen Situationen ziehen kann. Denn auch hier stehen Sie vor den Fragen: Wann ist es geboten, „Nein" zu sagen, und wie sage ich das?

Diesen Fragen widmet sich dieses Buch. Dabei geht es nicht darum, vorgefertigte Antworten zu geben. Denn solche Antworten gibt es nicht! Ja, es ist sogar gefährlich, solche als gegeben anzunehmen. Stattdessen ist es wichtig, sich klar zu machen: Wie bin ich überhaupt und welche Möglichkeiten habe ich, mich zu ändern? Ändern müssen Sie sich dann selbst, das kann Ihnen kein Buch abnehmen. Allerdings kann Ihnen ein Buch eine Orientierungshilfe geben, wo Sie ansetzen können, um offen „Nein" zu sagen.

Dabei ist es natürlich, dass dafür jeder Einzelne von uns ein unterschiedliches Talent besitzt. Lassen Sie sich aber jetzt nicht davon abschrecken, wenn Sie sich zu den Nichttalentierten zählen. Denn ganz abgesehen davon, ob diese Einschätzung sachlich zutrifft, bleibt es keinem erspart, Grundsätzliches zu dieser Kunst zu lernen. Der Talentierte ist hier zwar etwas schneller als der Nichttalentierte, aber der Talentierte hat nicht nur Vorteile. Er neigt nämlich eher dazu, sich zu überschätzen und Stufen überspringen zu wollen, was ihn, anstatt voranzubringen, zurückwirft.

Aber dies ist nicht die einzige Gefahr, wenn Sie diese Kunst lernen wollen. Eine andere hat allgemein damit zu tun, wie Sie die Rolle des Lehrers bewerten. Natürlich kann Sie ein Lehrer unterstützen und Ihnen Ratschläge erteilen. Aber weder können Sie mit seiner Hilfe eine Stufe überspringen noch kann er eine Stufe für Sie gehen. Solche Versuche rächen sich im Gegenteil früher oder später, und Sie können dabei wie der Talentierte, der sich überschätzt, sehr unsanft stürzen. Darum ist es wichtig, nie die Bodenhaftung zu verlieren und jede Stufe einzeln und selbst zu gehen.

Am Anfang ist es in jedem Fall wichtig, sich deutlich zu machen: Wie übe ich bisher die Kunst, offen „Nein" zu sagen, in meinem Leben? Es geht dabei nicht um einen Maßstab, wie weit Sie in dieser Kunst bis jetzt vorangekommen sind, sondern um Verhaltensmomente. Im Gegensatz zum Klavierspielen ist es beim offenen Neinsagen nicht so, dass man die Übenden einfach in Anfänger, Fortgeschrittene und Meister einteilen kann, sondern je nachdem, wie sehr wir in Kontakt mit einer Situation sind, verhalten wir uns oft unterschiedlich. Das hat die Konsequenz, dass offen „Nein" zu sagen nichts mit Selbstbehauptung zu tun hat oder damit, sich besser als andere durchzusetzen. Vielmehr geht es darum, sich weder von anderen Grenzen aufzwingen zu lassen noch selbst anderen Personen Grenzen aufzuzwingen. Auch zu Letzterem heißt es, „Nein" zu sagen. Die hier beschriebene Kunst hat nämlich zum Ziel, dass wir bei unserem Tun in Kontakt mit der gesamten Situation kommen und dabei nach innen und außen offen bleiben.

Was das genauer bedeutet, davon handelt dieses Buch!

Dabei ist dieses Buch so aufgebaut, dass zuerst – also im weiteren Verlauf der Einleitung – Grundsätzliches erläutert wird, und zwar anhand einer genauen Besprechung der eben dargestellten Situation. In den folgenden sieben Kapiteln wird dann versucht, dieses Grundsätzliche in anderen Situationen anzuwenden.

Im Einzelnen: Wie wir uns

1. in einem Bewerbungsgespräch mit einem potentiellen Vorgesetzten,
2. im Konflikt mit einer Wohnungsnachbarin,
3. in einer Auseinandersetzung mit einem Arbeitskollegen,
4. im Streit um das Erbe mit einem Familienmitglied,
5. im Gespräch mit dem minderjährigen Sohn, der die Schule frühzeitig beenden will,
6. im Konflikt mit der Lebenspartnerin,
7. im Konflikt innerhalb einer Reisegruppe

so in eine Situation einlassen, dass wir weder Grenzen setzen noch uns Grenzen setzen lassen.

Am Schluss wird dann die Kunst, offen „Nein" zu sagen, in einen größeren Zusammenhang gestellt.

Zur Methode dieses Buchs ist zu sagen: Es wird im folgenden Teil der Einleitung ein allgemeiner Rahmen abgesteckt, auf den im anschließenden Teil – am Ende der Einleitung und in den folgenden Kapiteln – in konkreten Dialogbeispielen Bezug genommen wird. Beide Teile dürfen dabei nie als Formen, starre Verhaltensanweisungen mitzuteilen, aufgefasst werden. Vielmehr haben sie lediglich den Zweck, das Problembewusstsein des Einzelnen für das jeweilige „Hier und Jetzt" zu schärfen. Um diesen Zweck zu verdeutlichen, sind alle Dialogbeispiele konkret auf ein bestimmtes „Hier und Jetzt", also auf einen bestimmten Ort und eine bestimmte Zeit, bezogen.

Darüber hinaus ist ein Part der Dialoge immer mit „Sie" benannt, um beim Lesevorgang die Intensität der Auseinandersetzung mit den dargestellten Problemen zu erhöhen. Auf diese Weise können Sie einerseits leichter in eine

Rolle hineinschlüpfen. Andererseits sind Sie so direkt dazu aufgefordert festzustellen, wo zwischen Ihnen und der dargestellten Person Gemeinsamkeiten und Unterschiede bestehen.

Dabei ist zu beachten: Der „Sie-Part" ist immer geschlechtsspezifisch gekennzeichnet[7], weil dies für eine konkrete „Hier und Jetzt"-Situation unerlässlich ist. Sie können diese Beispiele aber jederzeit auf Ihre konkrete Lage, d. h. auch auf Ihr Geschlecht hin, ändern. Es ist sogar sehr ratsam, dies zu tun. So erfahren Sie die Dialogbeispiele tatsächlich als Angebote, die Ihnen für Ihre Wahrnehmung von sich und Ihrer Welt konkrete Anregungen geben.

Aber jetzt genug der Beschreibungen dessen, was Sie in diesem Buch erwartet, sondern jetzt geht es mitten hinein.

Sie haben am Anfang dieser Einleitung das Situationsbeispiel gelesen und fragen sich jetzt vielleicht, wie man hier hätte offen „Nein" sagen können.

Dabei würden Sie die Möglichkeit, als Betroffener einfach zu allem „Ja" zu sagen, und zwar ohne Fragen zu stellen, wahrscheinlich als keine gute Art bezeichnen, dieses Ziel zu erfüllen. Jedoch reagieren viele Leute, oft vielleicht auch Sie, genau so! Das bedeutet: Sie fragen in diesem konkreten Fall gerade nicht: Warum wendet sich der Sachbearbeiter der Hausverwaltung gerade an Sie und nicht an andere Hausbewohner? Auch nicht: Wer zahlt Ihre Auslagen? Auch nicht: Was ist, wenn es Komplikationen gibt, z. B. kein Schlüsseldienst den Schlüssel am Samstag nachmachen kann etc.? Auch fragen Sie den Sachbearbeiter nicht konkret, warum er die Angelegenheit nicht schon längst selbst erledigt hat. Und schon gar nicht kommen Sie auf den früheren Fehler der Hausverwaltung in Bezug auf den Kaminkehrer zu sprechen. Stattdessen sind Sie sehr kooperativ und sagen dem Sachbearbeiter *ohne Wenn und Aber* zu, dass Sie sein Anliegen erfüllen werden. Allerdings denken Sie sich Ihren Teil. Das bedeutet: Sie sind nicht der gute Mensch, für den Sie sich gerade ausgeben. Sie ärgern sich sehr wohl über das Ansinnen dieses Sachbearbeiters, vor allem in Verbindung mit dem früheren Fall, aber Sie können dies aus irgendwelchen Gründen nicht artikulieren.

Eine erste Erklärung dafür ist: Sie sind konfliktscheu! Aber die Frage ist: Was wird damit tatsächlich erklärt? Ist dies nicht viel zu allgemein? Ist es nicht vielmehr so, dass Sie viel zu überrascht von diesem Ansinnen waren und Ihnen darum spontan keine guten Gründe, dem Sachbearbeiter zu widersprechen, eingefallen sind? Darüber hinaus ist es ja wirklich so, dass es Ihnen zugute kommt, wenn das Haus so reibungslos wie möglich renoviert wird. Nur wurmt Sie vielleicht: Warum wird *Ihnen* gerade deswegen zusätzliche Arbeit aufgelastet und nicht irgendeinem anderen Nachbarn, wobei es sich dazu noch um Arbeit handelt, für die Sie die Hausverwaltung direkt oder indirekt bezahlen und deren diese sich auf diese Weise entledigt?

Aber was hätten Sie anders machen können?

Grob könnte man darauf antworten: Sie hätten sich nicht so sehr in diese Angelegenheit hineinziehen lassen dürfen. Sie hätten die Hintergründe besser erfragen müssen. Oder anders ausgedrückt: Sie hätten auf eine Metaebene[8] wechseln können, um die Verstrickung mit dem Problem, in die Sie der Sachbearbeiter gebracht hat, gar nicht erst möglich zu machen. Sie hätten also vom Sachbearbeiter die Hintergründe erfragen müssen: Z. B. wie lange beschäftigt er sich schon mit diesem Problem? Ist es nicht fahrlässig von ihm, dass er sich nicht schon früher darum gekümmert hat? Weiß sein Chef von seinem Ansuchen bei Ihnen? Ist die übrige Logistik der Renovierung genauso fahrlässig geplant wie dieses Schlüsselproblem? Auch hätten Sie ihm klar machen können, dass er von Ihnen verlangt, dass Sie *seinen* Job tun, und dergleichen mehr!

Vielleicht werden Sie jetzt sagen: Das klingt alles schön und gut. Aber bei der nächsten ähnlichen Situation nützt es mir auch nichts, wenn ich weiß: Ich soll Hintergründe erfragen und auf eine Metaebene wechseln, um nicht in Probleme verstrickt zu werden, die eigentlich nicht die meinen sind. Stattdessen – so denken Sie vielleicht – werden Sie bei der nächsten ähnlichen Situation wieder so überrascht sein, dass Sie keine passende Gegenrede zustande bringen. Oder Sie werden vielleicht dann zu patzig und lassen Ihrem Ärger freien Lauf – was auch nicht angebracht ist. Und selbst wenn Sie es einmal scheinbar schaffen, diese gerade vorgebrachten *theoretischen* Vorgaben in die *Praxis* umzusetzen, so wissen Sie vielleicht aus eigener Erfahrung, dass das nicht heißt, dass Sie ein anderes Mal nicht wieder die alten Probleme haben.

Was bleibt Ihnen also zu tun?

Erstens ist es angebracht zuzugeben, dass es daran liegt, dass Sie *spontan* nicht offen „Nein" sagen können. In der *Theorie* ist Ihnen Ihr Defizit schon klar. Im Nachhinein bzw. bei nüchterner Überlegung fallen Ihnen schlagende Argumente ein, die Sie hätten vorbringen können. Aber insgesamt – selbst wenn es einmal klappt – hilft Ihnen das nicht weiter, weil Sie sich beim nächsten Mal wieder zu sehr in die Situation hineingezogen fühlen und Sie wiederum eher geneigt sind, „Ja" zu sagen. Ich möchte Personen, die dieses Problem haben, als diejenigen bezeichnen, die am Anfang dieses Problems stehen. Allerdings heißt hier *am Anfang stehen* bzw. *Anfänger sein* überhaupt nichts Negatives. Vielmehr soll der Begriff lediglich ein Verhaltensmoment in einer Situation ausdrücken, in das jeder von uns mehr oder weniger häufig verfällt. Denn letztendlich geht es darum, in solchen Situationen offen zu bleiben und sich nicht ein Problem von einem anderen aufzwingen zu lassen oder das im Gegenteil selbst zu tun. So haben Sie, wenn Sie in solchen Situationen in das Verhaltensmoment des *Lügners* verfallen, im Allgemeinen größere Schwierigkeiten, sich hin zur Offenheit zu ändern, als der eben beschriebene Anfänger. Und das, obwohl Sie sich mit diesem zweiten Verhaltensmoment um das Ansinnen der Hausverwaltung drücken können und indirekt „Nein" sagen. Jedoch gelingt Ihnen das nur, weil Sie dazu Ausreden, ja vielleicht sogar faustdicke Lügen benutzen. Und damit verdrängen Sie im Gegensatz zum Anfänger das Problem zusätzlich noch. Denn der Anfänger sieht das Problem offen vor sich und kann es – wenn auch oft zu seinem Leidwesen – gerade nicht verdrängen. Aber darum ist er zumindest der Offenheit näher. Näher auch als jemand, der in ein drittes Verhaltensmoment gerät, ich möchte es das Verhaltensmoment des *Wüterichs* nennen. In diesem Verhaltensmoment befinden Sie sich nämlich, wenn Sie das Ansuchen des Sachbearbeiters der Hausverwaltung kategorisch ablehnen und ihm selbst dazu noch gehörig Ihre Meinung sagen. Obwohl Sie direkt „Nein" sagen, wenn Sie sich in diesem dritten Verhaltensmoment befinden, sind Sie gegenüber einem Sein in den anderen beiden Verhaltensmomenten nicht offener, sogar ganz im Gegenteil: Sie haben sich so nämlich von diesem Sachbearbeiter das Problem am stärksten aufdrängen lassen, und das, obwohl Sie klipp und klar „Nein" dazu sagen. Denn mit diesem besonderen „Nein" isolieren Sie sich besonders. Und nicht nur deswegen, weil dieser Sachbearbeiter aus Gefälligkeit in Zukunft sehr wahrscheinlich nichts mehr für Sie tun wird. D. h. nicht nur diese Option hätten Sie sich als Lügner und noch mehr als Anfänger offen gehalten, sondern vor allem auch die Option, Grenzziehungen eines anderen nicht mit eigenen Grenzziehungen überbieten zu wollen.

Sie sehen vielleicht schon jetzt, bei meiner Beschreibung dieser drei Prototypen des Verhaltens, dass die Kunst, offen „Nein" zu sagen, höchstens vordergründig damit zu tun hat, sich besser durchsetzen zu können. Stattdessen –

das kann gar nicht oft genug betont werden – hat sie mit Offenheit zu tun. Oder konkreter: damit, wie offen oder starr die Identität von jemandem ist.

Offenheit hat somit viel mit der Identität zu tun, die wir entwickeln, und zwar nicht nur in der Hinsicht, wie stark wir einen *Identitätspanzer* aufbauen, sondern auch wie eng oder weit jeder von uns seine eigenen Grenzen zieht. Auch zeigt sich in Bezug auf unsere Identität, ob und wie wir dazu neigen, uns von anderen Grenzen ziehen zu lassen, oder ob wir uns im besten Fall auf Grenzziehungen grundsätzlich nicht einlassen, weil sie immer Kennzeichen einer inneren Spaltung sind.

In der Kunst, offen „Nein" zu sagen, geht es nun gerade darum, diese innere Spaltung nicht vorzunehmen. Denn in der Ausbildung dieser Kunst versuchen wir unsere *intuitiven Fähigkeiten* so zu veredeln, dass diese nicht zu einem starren Panzer werden, sondern je nach Bedarf beim spontanen Verhalten in der richtigen Weise auftreten können. Was letztendlich zählt, ist also immer der einzelne *Akt des Tuns*. Hier ist es wichtig, dass wir angemessen handeln. Aufgabe der hier beschriebenen Kunst ist es somit nicht nur, die richtigen Fähigkeiten einzuüben, sondern vor allem zu lernen, dass wir der jeweiligen Situation entsprechen, und zwar intuitiv. Das offene Neinsagen sollte darum ebenso wie das Gehen ablaufen, d. h. ohne jedes Nachdenken genau dann, wenn es nötig ist.

Allerdings ist damit mehr oder weniger ein Ideal ausgedrückt, und damit ist in dieser Beschreibung auch etwas Falsches enthalten. Denn im vierten Verhaltensmoment, wenn Sie als ein *Meister* im offenen Neinsagen auftreten, wissen Sie paradoxerweise in der jeweiligen Situation gar nichts davon, dass Sie gerade ein Ideal erfüllen. Es interessiert Sie auch gar nicht, und so gibt es dieses Ideal für Sie nicht. Dieses Ideal gibt es nur für den, der kein Meister ist. Ein Meister handelt einfach, ohne darüber nachzudenken bzw. ohne bewusst zu wissen, dass er ein Meister ist. Er macht nur das ihm in der jeweiligen Situation Entsprechende, ohne sich darüber hinaus Gedanken dazu zu machen, wie gut er das tut.

Aber zurück zu unserem Beispiel: Wie schaffen Sie es hier, weder sich selbst Grenzen aufzwingen zu lassen noch sie anderen aufzuzwingen?

Zuerst sollten Sie sich einmal klar machen, dass es *nicht* darum geht, *einen Wettbewerb zu gewinnen* in Sachen: Wie verhalte ich mich nur noch als Meister? Denn so setzen Sie sich selbst zumindest implizit dauernd eine Grenze und können allein deshalb nicht offen sein. Viel wichtiger als das Ziel, ein Meister in dieser Kunst zu werden, ist es darum, immer den nächsten Schritt in Richtung Befreiung von Grenzen zu machen. Denn im Machen dieses nächsten Schritts spüren Sie am ehesten die Offenheit und nicht, wenn Sie glauben, ein Meister zu sein. D. h. Sie dürfen diese Kunst nicht mit dem Erfüllen gewisser Leistungen verwechseln, weil Sie dabei nur denken, dass Sie ein Meister sind, Sie das aber intuitiv ganz und gar nicht sind. Das bedeutet vor allem auch: Sie dürfen sich *nicht* mit anderen *vergleichen*, was zugegebenermaßen sehr schwierig ist. Denn so fragen Sie sich vielleicht: Wer sind wir ohne die anderen? Definieren wir uns denn nicht automatisch im Hinblick auf die anderen?

Aber Gegenfrage: Ist es nicht so, dass die anderen letztlich immer etwas Rätselhaftes bleiben? Kurz: Im Grunde können wir die anderen nicht verstehen, und zwar weil wir dafür keinen verlässlichen Maßstab haben.

Die Frage nach einem verlässlichen Maßstab ist nämlich nie zufrieden stellend zu klären. So beinhaltet die Anwendung eines solchen Maßstabs gegenüber anderen Menschen immer eine Art von Wertvorstellung, d. h. ob jemand besser oder schlechter ist, selbst wenn dies nicht moralisch gemeint ist. Ein solches Vorgehen bringt uns aber nicht weiter, da es uns von einer genauen Beobachtung und Wahrnehmung des anderen abschneidet. Zwar könnte man dagegen einwenden, dass jede Wahrnehmung von einem Maßstab geleitet wird, da wir sonst dabei orientierungslos wären. Aber man vergisst hier, dass jede Wahrnehmung je nach Zeit, Ort und Person anders ist. Es spielt dabei höchstens ein stets wechselnder Maßstab eine Rolle, der im Endeffekt nie definiert bzw. nie *objektiv* bestimmt werden kann. Dadurch passt für dieses Phänomen der Begriff „Maßstab" auch weniger, da es sich hier mehr um eine Orientierungshilfe bei der Wahrnehmung handelt.[9]

Darum dürfen Sie die bisherigen Ausführungen auch nicht missverstehen. So bilden die vier Verhaltensprototypen keineswegs einen festen Maßstab. Kurz: Der Anfänger ist in keiner Weise besser als der Lügner oder der Wüterich, auch nicht der Meister. Paradoxerweise ist nicht einmal Letzterer besser als die anderen, und zwar einfach deswegen, weil – sieht man es aus seinem Blickwinkel – er gar nicht auf die Idee kommen könnte, das zu sein. Auch wenn er von außen für die Nicht-Meister so wirkt.

Um diesen Punkt zusammenzufassen: Es ist wichtig, sich nicht mit anderen zu vergleichen und sich davor zu hüten, einen Maßstab aufzustellen. Jedoch ist dabei zu betonen, dass eine Entwicklung zu einem solchen Zustand nur Schritt für Schritt geschehen kann. Denn im Normalfall vergleichen wir uns ständig mit anderen und stellen permanent Maßstäbe auf. Auch kann nicht bestritten werden, dass in einem ersten Schritt das Setzen von festen Richtlinien gegenüber anderen durchaus eine Befreiung sein kann. Das gilt vor allem für Menschen, die sich bisher immer nur von anderen Grenzen aufzwingen haben lassen, weil sie so lernen, wie sie auch selbst Grenzen setzen können. Hier kann so etwas wie ein Maßstab durchaus helfen und ein Schritt in die richtige Richtung sein, sodass diejenigen insgesamt offener werden. Aber wie gesagt: Das ist nur ein *erster* Schritt! Weitere müssen folgen! Denn auch hier darf *eigene Grenzen nach bestimmten Richtlinien setzen* nicht damit verwechselt werden, einem anderen *Grenzen aufzuzwingen.*

Auf unser Beispiel übertragen, heißt das: Machen Sie sich klar, dass es kein Patentrezept gibt, wie Sie dem Sachbearbeiter der Hausverwaltung begegnen können! Und dass es normal ist, wenn Sie in so einer Situation einmal besser und einmal schlechter agieren!

Daran anschließend gilt es auf einen zweiten und entscheidenden Punkt zu sprechen zu kommen: Seien Sie sich nämlich vor allem darüber klar, dass es eine Frage des *spontanen Kontakts*[10] mit der gesamten Situation an einem bestimmten Ort und zu einer bestimmten Zeit ist, wie Sie damit umgehen. In-Kontakt-Sein mit einer Situation heißt nämlich *offen zu bleiben* für alle Möglichkeiten. Gerade darum ist es so wichtig, dass Sie sich nicht zu sehr in eine Situation hineinziehen lassen und die Dinge, die Sachverhalte, die Personen etc., die Ihnen in einer Situation begegnen, nicht reduziert auf ihre vermeintliche Rolle in der Situation wahrnehmen. Das bedeutet in unserem Beispiel: Sie dürfen den Sachbearbeiter in keiner Weise auf seine Rolle als Mitarbeiter der Hausverwaltung reduzieren. Er sowie alle anderen Erscheinungen in der gesamten Situation beinhalten immer ein „Mehr" und sind nie eingrenzbar. Dieses „Mehr" in Situationen tatsächlich wahrnehmen zu können, also nicht nur theoretisch anzunehmen, sondern tatsächlich zu bemerken, ist entscheidend und drückt Ihr In-Kontakt-Sein aus. An diesem Punkt zeigt sich zuallererst, ob und wie Sie Grenzen setzen. Dabei ist es natürlich sehr wichtig wahrzunehmen, wie wenig oder viel Sie sich selbst reduzieren bzw. wie wichtig Sie sich selbst nehmen! Hier kommt nämlich zum Vorschein, ob Sie andere Leute mehr oder weniger als Objekte behandeln, die Sie entweder als kontrollierbar betrachten, oder umgekehrt, von denen Sie selbst meinen, wie ein Objekt kontrolliert zu werden. Es stellt sich also die Frage, ob Sie zwischen sich und der Welt trennen und sich auf der einen Seite als handelndes Subjekt fühlen, das über Objekte herrscht, und auf der anderen Seite als leidendes Objekt, das von anderen Subjekten beherrscht wird.[11] Die meisten von uns glauben ja sogar, dass dies die natürliche Sichtweise auf die Welt ist. Sie können sich nicht einmal vorstellen, dass wir uns auch anders betrachten und danach handeln können. Dabei gibt es durchaus andere Sichtweisen! So z. B. wenn wir unser Verhalten als ein undefinierbares Geflecht von Handlungsweisen betrachten, in dem unser Bezug zur Welt offen bleibt. Auf diese Weise können wir uns bewusst machen, dass jede Person, aber auch jeder Sachverhalt, jedes Ding und vor allem jede Situation sehr deutlich über sich selbst hinausweisen. Und dies hat zur Folge, dass sie von jeder Art von Macht und Herrschaftsansprüchen nur in ungerechtfertigter Weise eingeengt werden können. Natürlich kommen diese Einengungen vor – von ihnen handelt genau mein Buch –, aber sie greifen stets zu kurz. Darum gilt es gerade zu lernen, dazu offen „Nein" zu sagen, auch wenn das ein ständiger Prozess ist, der nie ein Ende findet. Denn Sie können darin nie immer und überall Meister werden. Es wird immer so sein, dass Sie mehr oder weniger in die anderen beschriebenen Verhaltensmomente verfallen. Das dürfen Sie nie verdrängen, um so in keiner Weise zu einem Fanatiker zu werden, der von einem blinden Ehrgeiz getrieben wird.

Was heißt dies auf unser Situationsbeispiel bezogen? Wie kann dort dieser Kontakt aussehen? Zur Beantwortung dieser Fragen ist es zuerst einmal wichtig herauszufinden, wie Ihre spontane Sympathie und Antipathie in diesem Moment für den Sachbearbeiter ist. Und dasselbe gilt auf der anderen Seite für Ihr Gegenüber. Zweitens ist von Belang, ob und wie weit Sie (und Ihr Gegenüber) in diesem Moment mit den Gedanken bei der Sache sind. Denn dies ist für den Kontakt mit der Situation sehr entscheidend. Dadurch kann es sein, dass Sie z. B. die Techniken der Überrumpelung des Sachbearbeiters gar nicht erkennen. Und das hat zur Folge, dass Sie ihm als Anfänger mehr oder als Lügner und Wüterich weniger zugestehen, als Sie es bei klarer Wahrnehmung der Situation für angemessen halten.

Das kann natürlich einfach stressbedingte Gründe haben, dass Sie z. B. im Moment andere tiefer gehende Probleme haben und der Situation mit dem Sachbearbeiter deswegen so schnell wie möglich entrinnen wollen. Aber das kann sich rächen. Es ist immer am besten, in der jeweiligen Situation zu sein, die sich gerade stellt. Hier gilt es, in Kontakt zu sein. Dabei ist zu betonen: Dieses In-Kontakt-Sein widerspricht überhaupt nicht dem, was oben beschrieben wurde, dass Sie versuchen sollten, sich nicht in die Situation hineinziehen zu lassen. Denn genau das *Hineinziehenlassen* lassen Sie geschehen, wenn Sie nicht in Kontakt mit Ihrem Gegenüber sind und der Situation entfliehen wollen. So sind Sie nämlich dem rhetorischen Geschick Ihres Gegenübers und Ihren eigenen Standardreaktionen der Überraschtheit, Ängstlichkeit oder Verärgertheit mehr oder weniger ausgeliefert. Wenn Sie dagegen in Kontakt mit Ihrem Gegenüber sind, haben Sie z. B. die Übersicht, den Sachbearbeiter zu fragen,

- ob er sich klar sei, wie spät es ist, nämlich freitagabends,
- ob er wisse, was er von Ihnen verlangt, nämlich dass Sie *seine* Arbeit machen,
- ob nach dem Vorfall mit dem Kaminkehrer sein Ansinnen nicht unangemessen sei etc.

Darüber hinaus bemerken Sie, wenn Sie in Kontakt mit der Situation sind, Ihre eigenen spontanen Reaktionen und können sie spezifizieren und ändern, wenn es die Situation erforderlich macht.

Sie bemerken z. B. zu große Ängstlichkeit, Ärger oder Wut bei Ihnen, weil Sie sich etwa durch den Sachbearbeiter gerade gestört fühlen, und nehmen wahr, dass Sie so der Situation nicht entsprechen. In diesem Fall ist es oft besser, den Kontakt ganz abzubrechen, weil dabei nichts herauskommt. Sagen Sie das Ihrem Gegenüber!

Sie können ihm aber auch Überredungstechniken bzw. Totschlägerphrasen, die Sie bei ihm bemerken, sofort vorhalten, wenn er sagt:

- ob Sie wüssten, wie viel Arbeit er überhaupt habe, sodass er jetzt, wo alle anderen Feierabend haben, noch arbeiten müsse;
- dass sich ein Außenstehender gar keine Vorstellungen davon machen könne, wie viel Arbeit die Dachrenovierung für die Hausverwaltung darstelle.

In allen diesen Fällen ist es wichtig, im „Hier und Jetzt" zu sein, um wahrzunehmen, was genau passiert und dementsprechend zu agieren. Hier gilt es anzusetzen, besser zu werden. Denn hier geschieht das Entscheidende. Hier dürfen Sie nicht ausweichen, wie dies ein Anfänger, ein Lügner oder ein Wüterich, jeder auf seine Weise, machen.

Jedoch wie ändern wir uns hier? Schließlich laufen diese Verhaltensweisen intuitiv ab und sind durch bewusstes bzw. reflexives Denken wenn überhaupt, dann höchstens im Nachhinein einsehbar.

Der erste Schritt ist in jedem Fall, sich erst einmal klar zu machen: Wer bin ich überhaupt, und wer ist der Andere in dieser Situation? Bin ich bzw. ist er eher ein Anfänger, Lügner oder Wüterich? Oder genauer ausgedrückt – weil wir nicht immer dieselben sind und wir sogar in ein und derselben Situation verschiedene Verhaltensmomente an den Tag legen können: Wann und wo bin ich ein Anfänger, Lügner oder Wüterich? Warum bin ich das gerade in diesem Moment und kann darum der Situation nicht entsprechen? Überfordert mich die Situation in diesem Moment grundsätzlich oder nur, weil ich gerade mit etwas anderem beschäftigt oder zu überarbeitet, zu müde oder Ähnliches bin?

Gilt dies, ist es auch nicht schlecht, sich weiter zu fragen: Warum überfordert mich diese Situation grundsätzlich? Liegt es an mir, an meinem Gegenüber oder an uns beiden? Was zeichnet unseren speziellen Kontakt aus, sodass er mich überfordert? Warum klappt es mit diesem Gegenüber nicht, mit anderen in ähnlichen Situationen aber sehr wohl?

Allerdings bleibt die weitere grundsätzliche Frage: Was können wir daraus lernen, wenn wir uns diesen Fragen stellen? Haben wir uns nicht schon ähnliche Fragen in der Vergangenheit gestellt, und machen wir nicht trotzdem immer wieder ähnliche Fehler in ähnlichen Situationen?

Was bringt es also, so vorzugehen? Was nützen all diese Fragen?

Um darauf eine Antwort zu geben, gilt es zuerst das Ganze auf die Spitze zu treiben und noch weiter zu fragen, um die bisher beschriebene Situation und die dazu gestellten Fragen in einen größeren Kontext zu stellen.

So z. B.:

- Was geht in einer bestimmten Situation eigentlich gerade zwischen Ihnen, d. h. den Gesprächspartnern, vor?
- Geht einem von Ihnen oder allen beiden die Situation emotional zu tief?
- Gibt es für jeden von Ihnen nur das jeweilige *Ego*, d. h. stellen Sie beide nur Ihre egoistischen und egozentrischen Bedürfnisse in den Mittelpunkt, oder richten Sie sich bzw. richtet sich Ihr Gegenüber zu sehr nach dem anderen?

- Hat einer von Ihnen oder Sie beide nur diffuse oder sehr wechselhafte Identitätsbeziehungen, die überhaupt nicht der Situation entsprechen?
- Weicht einer oder jeder von Ihnen immer dem aus, er selbst zu sein, und verbirgt das aber?
- Hat Ihr Verhalten bzw. das des anderen mit bestimmten früheren Situationen zu tun, sodass Sie beide nur alte Muster wiederholen und die neue Situation gar nicht richtig begreifen?
- Ist die Situation Ihnen oder dem anderen zu neu und zu fremd?
- Haben Sie bzw. er einfach nicht die Fähigkeiten, die zum In-Kontakt-Sein mit dieser Situation nötig sind?
- Sind diese Fähigkeiten aber erlernbar und wenn ja: wie?

Sehr wichtige Fragen sind sicherlich die zwei letztgenannten, denn sie fassen den Sinn aller dieser Fragen sehr gut zusammen. Damit ist in gewisser Weise auch beantwortet, was diese ganze Fragerei überhaupt soll. Denn es geht in vieler Hinsicht darum: Wie ändern wir uns, und zwar so, dass wir die benötigten Fähigkeiten erwerben und ausüben, mit anderen wirklich in Kontakt zu sein? Aber wie geht das nun wiederum? Fangen jetzt nicht wieder neue endlose Fragen an?

Eine traditionelle Antwort darauf, die z. B. in der Verhaltenstherapie gegeben wird, ist die: Wir ändern uns am wirkungsvollsten, wenn wir zuerst eine Ist/Soll-Analye machen, in der wir feststellen, wo wir gerade stehen und wo wir hinwollen, und dann einen Plan aufstellen, wie wir uns Schritt für Schritt hin zu dem geplanten Sollzustand entwickeln können.[12] Für diese Analyse könnten wir – nach dieser Meinung – auch die vorher gestellten Fragen benutzen, allerdings müssten wir sie erst einmal hierarchisch gliedern, um genau differenzieren zu können.

Ist es aber nicht so, dass wir uns auf diese Weise zwar ändern *können*, dies aber in den meisten Fällen nicht passiert? Mit anderen Worten: Gibt es nicht einen berechtigten Zweifel daran, dass wir durch eine solche Vorgehensweise die erwarteten Fähigkeiten in den entsprechenden Situationen wirklich ausüben können? Denn diese Fähigkeiten sind etwas Intuitives, und Intuitionen können nicht generalstabsmäßig erworben bzw. auf Vordermann gebracht werden, und zwar weil sie einer bewussten Herangehensweise gar nicht zugänglich sind. Sie bleiben immer vorbewusst und sind damit im Endeffekt nicht greifbar. Das bedeutet nicht, dass sie nicht ausbildungsfähig und änderbar sind. Auch ist nicht zu bestreiten, dass man mit diesem traditionellen Ansatz bestimmte Erfolge erzielen kann. Oben ist ja auch einiges angesprochen worden, was darin vorgeschlagen wird. Nur warum damit Erfolge erzielt werden, bleibt ungewiss. Denn genaue Analysen, Hinweise, Übungsanleitungen, sogar Übungen selbst bewirken zwar etwas und lösen etwas aus, aber was sie genau auslösen, ist nie genau herauszufinden.

Aber aufgepasst! Damit ist in keiner Weise einer irgendwie gearteten irrationalen Ansicht das Wort gesprochen! Es wird damit nur der Tatsache Rechnung getragen, dass sich die „rationale" Forschung zu diesen Sachverhalten immer ändert und zu immer neuen Ansätzen kommt[13] und dass es darum nicht richtig ist, anzunehmen, dass diese Forschung gerade die eben beschriebenen Phänomene *kontrollieren* kann.[14] Das bedeutet aber, dass Sie sich bewusst machen müssen: Dies gilt auch für das Buch, das Sie gerade lesen. Auch dadurch kann nichts kontrolliert werden. Allerdings kann dadurch sehr wohl etwas ausgelöst werden, aber was: Das ist nicht genau angebbar!

Man könnte jetzt zumindest die beschriebenen Fragen hierarchisch gliedern, um Ihnen so ein besseres Differenzierungsangebot zu geben. Aber das bringt nicht viel!

Zwar ist es sehr wichtig, differenzieren zu können, aber das bedeutet erstens nicht, dass Sie Ihre Fragestellungen *hierarchisch gliedern*! Zweitens ist es am besten, wenn Sie ihre *eigenen* Fragen und *eigenen* Differenzierungen finden, damit Sie wirklich in Kontakt mit sich selbst sind.

Wie packen Sie das an? Stellen Sie zuerst einmal einen Fragenkatalog für sich zusammen, in Anlehnung an die bisher aufgeführten Fragen – allerdings wirklich mit *eigenen* Fragen, die Sie tatsächlich betreffen. Wenn Sie damit Schwierigkeiten haben, dann versuchen Sie einmal eine Wahrnehmung von sich in einer Geschichte zu formulieren, z. B. indem Sie einen Konflikt aus Ihrem Arbeitsalltag oder Ihrem Familienleben aufschreiben. Achten Sie dabei weniger darauf, dass Sie diese Geschichte gut formulieren. Schreiben Sie vielmehr spontan das auf, was Ihnen einfällt, auch wenn die Geschichte Brüche oder Widersprüche aufweist und keinen hohen ästhetischen Ansprüchen genügt. Wichtig ist nicht die Vorzeigbarkeit des Geschriebenen, sondern die Spontaneität. Je spontaner, desto besser! So kommen Sie Ihren vorbewussten Fähigkeiten am nächsten.

Wenn Sie die Geschichte fertig geschrieben haben, stellen Sie sich zuerst einfach nur die eine Frage: Was habe ich in diesem gerade beschriebenen Konflikt für Erwartungen gehabt? Und notieren Sie diese Erwartungen dann in Frageform. Also nicht: „Ich habe von meinem Chef eine Gehaltserhöhung erwartet.", sondern: „Warum habe ich von meinem Chef eine Gehaltserhöhung erwartet?", „Wie habe ich dieses Ansuchen formuliert?" usw.

So kommen Sie zu *eigenen* Fragen über Ihre Person. Dabei hat die Frageform ähnlich wie die darauf folgende Gliederung dieser Fragen in ein Geflecht die Aufgabe, die Offenheit zu gewährleisten. Somit kommen Sie nicht in Gefahr, Ihre Probleme als etwas Beherrschbares und Kontrollierbares anzusehen. Fragen sowie ein Geflecht sind immer offen. Es können dazu immer neue Fragen und Differenzierungsebenen etc. gefunden werden.

Aber jetzt zum Geflecht! Wie sieht eine Gliederung Ihrer Fragen zu einem Geflecht aus? Es hat erstens einmal keine (hierarchische) Baumstruktur, sondern ist nach „Familienähnlichkeiten" strukturiert. Dabei befinden Sie sich mit dieser Gliederung in bester philosophischer Gesellschaft. Denn diese Gliederung bezieht sich auf Ludwig Wittgensteins Untersuchung zu *Sprachspielen*, bei der er in der Untersuchung des Begriffs „Spiel" zu dem Schluss kommt, dass dieser für Sportwettkämpfe, Brettspiele etc. benutzt wird, also für Begriffe, die zwar einzeln zueinander Beziehungen, also *Familienähnlichkeiten*, haben, für die man aber insgesamt kein genaues Merkmal formulieren kann.[15] Analog dazu sieht es bei einem Geflecht von Fragen zu Ihren Problemen aus. So kommen Sie z. B. zu einer Reihe von Fragen zu einem Lebensbereich über Ihren Arbeitsalltag, die einzeln alle miteinander zu tun haben, die aber auch Verbindungen zu anderen Lebensbereichen wie dem der Familie oder Ihrer Freizeitaktivitäten besitzen.

Wenn Sie z. B. öfter darunter leiden, dass Sie sich nicht gut durchsetzen können, werden Fragen dazu in allen Lebensbereichen auftauchen. Wenn Sie aber meinen, dass Sie einfach dann einen Oberpunkt „Mangelnde Durchsetzungsfähigkeit" aufmachen können und insgesamt alle Ihre Fragen nach dieser und ähnlichen sozialen Fertigkeiten gliedern können, werden Sie merken, dass Sie damit auch nicht zu einem befriedigenden endgültigen Resultat kommen. Denn erstens lassen sich einige, wenn nicht alle Ihrer einzelnen Fragen gleichzeitig unter mehrere Oberpunkte stellen. So überschneiden sich sicherlich „Mangelnde Durchsetzungsfähigkeit" und „Kooperationsfähigkeit", da es nicht in allen Situationen gut ist, sich durchsetzen zu wollen. Kurz: In manchen Situationen hilft Ihnen auch Ihre vermeintliche Schwäche „Mangelnde Durchsetzungsfähigkeit" und ist eine Stärke, nämlich „Kooperationsfähigkeit". Und zweitens haben einige Fragen nichts mit sozialen Fertigkeiten zu tun. So ist es am besten, wenn Sie einerseits sehr wohl Differenzierungsebenen wie Lebensbereiche oder soziale Fertigkeiten bilden und Ihre Fragen danach gliedern. Aber ein Geflecht besteht nicht nur aus *einer* Differenzierungsebene, sondern aus mehreren, die sich überschneiden und miteinander verknüpft sind, wo Widersprüche nicht ausgeschlossen, sondern Teil davon sind! Scheuen Sie also nicht die Arbeit, mehrere ganz unterschiedliche Differenzierungsebenen für Ihre Fragen zu bilden, und seien Sie sich klar darüber: Ihre Arbeit an diesem Geflecht ist nie vollständig! Es ergeben sich immer wieder neue Fragen und Differenzierungsebenen, die vor allem die alten über den Haufen werfen können!

Aber war es das schon? Ist die Arbeit am Geflecht schon alles? Kommt es nicht – wie oben beschrieben – im Endeffekt auf Änderungen an? Wie ändern Sie sich jetzt aber, wenn Sie Ihre Fragen in ein offenes Geflecht zusammengestellt haben? Die Antwort darauf mag zuerst verblüffen: Sie dürfen nämlich Ihre Anstrengungen nicht zu sehr auf das Ziel „Änderungen" hin zentrieren, auch wenn es im Endeffekt auf diese ankommt. Und zwar einfach wiederum deswegen, weil Änderungen wie unser gesamtes Verhalten etwas Vorbewusstes und damit nicht kontrollierbar sind. Sie geschehen einfach! Darum geraten Sie mit einer Zentrierung darauf nur in das alte Fahrwasser zurück, Kontrolle ausüben zu wollen. Aber dadurch verkrampfen Sie nur und machen Änderungen nur noch schwerer! Seien Sie sich dessen immer bewusst! Darum kann gar nicht genug betont werden: Auch nach Erstellen dieses offenen Geflechts und dem Bemühen, sich zu ändern, droht Ihnen immer wieder die Gefahr, dass Sie Ihre Probleme als etwas Kontrollierbares ansehen. Damit kehren Sie jedoch in ein hierarchisches Denken zurück, indem Sie meinen, ein Problem auf eine Ursache zurückführen zu können, die es zu tilgen gilt. Versuchen Sie hier darum loszulassen!

Aber wie geht das?

Eine Antwort darauf ist: Versuchen Sie kontinuierlich achtsam darauf zu sein, dass jede Handlung, die Sie vollführen, immer etwas Intuitives bleibt, etwas, das nicht auf etwas Bestimmtes eingrenzbar ist. Wenn Sie dies konsequent betreiben, dann haben Sie es nämlich nicht mehr nötig, eine Situation durch Verdrängen des Intuitiven beherrschen zu wollen, und Sie lernen, wie Sie auf Ihre Intuitionen vertrauen können. Wobei dieses Lernen vor allem dann klappt, wenn Sie in Kontakt mit der Situation sowie mit den Personen darin sind und beiden Vertrauen entgegenbringen. D. h. je vertrauter Sie mit einer Situation sind, umso besser entsprechen Sie ihr. Dann können Sie tatsächlich loslassen, weil Sie einfach geschehen lassen, was geschieht.

Allerdings ist diese Art des Vertrauenlernens nur ein Teil eines größeren Ganzen, eben des genannten Geflechts, und darf wiederum nicht als alleiniges Heilmittel gesehen werden. Kurz: Das hierarchische Denken darf hier nicht wiederum durch die Hintertür eingeführt werden. Dieser Fallstrick wiederholt sich leider immer wieder, und ihm muss darum immer wieder entgegnet werden! Auch darf die Annahme eines Geflechts als Beschreibung für unser Verhalten in keiner Weise so betrachtet werden, dass hier lediglich von einer monokausalen zu einer multikausalen Ansicht übergegangen wird. Vielmehr ist die Annahme eines Geflechts im Endeffekt auch nur eine Erklärung für etwas, das sich im Grunde genommen nicht erklären lässt, weil dieses „Etwas" im Vorbewussten und Intuitiven bleibt. Ein Geflecht hat somit lediglich pragmatische Vorteile gegenüber dem hierarchischen Denken. Denn ein Geflecht ist offener und lässt damit Widersprüche und

Überschneidungen zu, sodass wir mit dieser Ansicht besser davor gefeit sind, die in Situationen auftretenden Phänomene mit der Erklärung davon zu verwechseln.

Da das bei herkömmlichen Ansätzen nicht unbedingt der Fall ist, wird in den folgenden Dialogbeispielen nicht wie in kommunikationstheoretischen Auffassungen in *Inhalts-, Sach- und Beziehungsebene*[16] oder wie in psychotherapeutischen Auffassungen in *Inhalts- und Prozessebene*[17] unterschieden. Allerdings heißt das nicht, dass solche Differenzierungen nicht wichtig seien. Doch ist bei diesen Auffassungen nicht nur die Gefahr groß, Phänomene mit ihren Erklärungen zu verwechseln, sondern damit verbunden wird das Trennende im Gegensatz zum Zusammenhängenden zu sehr betont. Gerade so kommen Meinungen zustande, dass es Einzelursachen bzw. überhaupt Ursachen gibt, die bestimmte Wirkungen zeitigen und schuld an einem bestimmten Verhalten sind. Auf diese Weise werden wir irrtümlicherweise zu Machern, Herstellern, Erzeugern, Schöpfern, d. h. insgesamt im positiven wie im negativen Sinne zu Beherrschern dieser Ursachen *gemacht*. Wir sehen so nicht ein, dass wir uns im besten Fall in eine jeweilige Situation aufgrund ihres Geflechtcharakters nur *hineinfinden* können.

Beherzigen Sie darum die folgenden Tipps: Nehmen Sie sich Zeit und finden Sie Ihre eigenen Unterscheidungen. Achten Sie dabei aber erstens darauf, möglichst keine Trennungen zu schaffen, sondern ein Geflecht. Gehen Sie zweitens immer davon aus, dass das so gefundene Geflecht nicht mit der Phänomenbasis identisch ist, weil Letztere im Grunde genommen immer ungewiss bleibt.[18]

Doch jetzt zur Sache selbst, d. h. zur Beschreibung eines möglichen Telefongesprächs zwischen Ihnen (weiblich, 50 Jahre alt) und dem etwa 30-jährigen Sachbearbeiter der Hausverwaltung:

(Zeit: Freitag, 18.30 Uhr, Ihr Telefon läutet.)

Sie: Hallo!
Sachbearbeiter: Guten Tag Frau X, hier ist Hans Maier von der Hausverwaltung Y!
Sie: Guten Tag, Herr Maier!
Sachbearbeiter: Sie wissen doch, dass in dem Haus, in dem Sie wohnen, die Dachrenovierung ansteht.
Sie: Ja, ich weiß durch die letzte Hausversammlung davon.
Sachbearbeiter: Ich hätte dazu eine Bitte an Sie. Sie sind doch auch an einer schnellen und reibungslosen Abwicklung dieser Renovierung interessiert? Würden Sie darum so freundlich sein und von Ihrem Dachbodenschlüssel noch morgen einen Schlüssel nachmachen lassen? Und könnten Sie diesen Schlüssel dann am Montag um 7 Uhr den Leuten der Renovierungsfirma geben? Das wäre sehr aufmerksam von Ihnen, dann könnten diese Leute nämlich am Montag sofort in der Frühe anfangen und müssten sich nicht noch darum sorgen, wie sie überhaupt zum Dach kommen.

Kommentar:
Bei der Antwort auf diese Bitte zeigt es sich nun, wie gut Sie intuitiv „Nein" sagen können. Mit der Totschläger- phrase „Sie sind doch auch an einer schnellen und rei- bungslosen Abwicklung dieser Renovierung interessiert?" versucht der Sachbearbeiter Sie dahin zu führen, wo er Sie haben will. Dies ist eine rhetorische Frage. D. h. die Ant- wort ist schon von vornherein klar. Denn natürlich sind Sie im Normalfall „an einer schnellen und reibungslosen Ab- wicklung dieser Renovierung interessiert". Aber das sind ebenso alle anderen Hausbewohner, genauso wie der Hauseigentümer[19] und darüber hinaus vor allem die Haus- verwaltung. Denn Letztere wird für diese Abwicklung be-

zahlt. So ist die Verknüpfung des Sachbearbeiters mit dem nächsten Satz seiner Bitte („Würden Sie darum so freundlich sein ...") eine unzulässige Einengung auf Sie. Darum wäre es an dieser Stelle sehr gut, wenn Sie den *Ball* an den Sachbearbeiter *zurückspielen* und gerade bei seiner rhetorischen Frage ansetzen. So zeigen Sie am besten, dass Sie sich nicht in die vom Sachbearbeiter konstruierte Situation hineinziehen lassen, sondern gerade wahrnehmen, wie er in unzulässiger Weise versucht, diese Situation für seine Zwecke zu konstruieren.

Sie: Herr Maier, sind Sie selbst eigentlich nicht an einer schnellen und reibungslosen Abwicklung dieser Renovierung interessiert?
Sachbearbeiter: Doch, warum?
Sie: Warum kümmern Sie sich dann erst so spät um diese Dachbodenschlüssel? Sie, als Sachbearbeiter eines Dienstleistungsbetriebs, sind doch dafür zuständig, sich rechtzeitig darum zu kümmern.

Kommentar:
Natürlich könnte der Sachbearbeiter jetzt eine einigermaßen gute Erklärung parat haben, wie:

Sachbearbeiter: Eigentlich hat uns Herr Huber vom ersten Stock des Hauses, den Sie ja kennen, schon vor zwei Wochen zugesagt, dass er das macht. Aber von dem haben wir seither nichts mehr gehört.

Kommentar:
Mit dieser Antwort gibt der Sachbearbeiter zwar eine einleuchtende Erklärung, jedoch wenn dem wirklich so ist, wie er sagt, bleibt die Frage: Warum hat er Sie anfangs durch Einsatz rhetorischer Fragen etc. überrumpeln wollen und ist erst auf Ihre Rückfrage mit dieser Erklärung her-

ausgerückt? Sie können darum in jedem Fall darauf erwidern:

Sie: Herr Maier, das mag sein. Ich möchte auch gar nicht unkooperativ sein. Aber erscheint es Ihnen nicht dennoch reichlich spät, einen Hausbewohner am Freitagabend darum zu bitten? Dazu haben Sie mich bis jetzt weder gefragt, ob ich morgen überhaupt Zeit für das Nachmachen der Schlüssel habe, noch, ob ich am Montag die Schlüssel den Leuten der Renovierungsfirma übergeben kann. Ich fühle mich so ziemlich überrumpelt.

Kommentar:
Wenn Sie so reagieren, sind Sie mit der Situation gut in Kontakt und lassen sich vor allem nicht zu sehr in die Situation hineinziehen.

Konkret schaffen Sie das dadurch, dass Sie dem Sachbearbeiter aufzeigen, dass er in seiner Bitte einige Schritte übersprungen hat, was für eine Überrumpelungsaktion sehr typisch ist. Denn oft werden wir mit Bitten konfrontiert, in denen nur ein Endzustand formuliert wird. Die einzelnen Schritte, zu diesem Endzustand hinzukommen, werden aber oft bewusst (oder unbewusst) verschwiegen. So wird der Gebetene gedrängt zuzusagen, bevor er sich erst richtig klar macht, welche Mühe und Arbeit mit der Erfüllung verbunden sind. Außerdem halten Sie mit Ihrer Aussage „Ich möchte auch gar nicht unkooperativ sein" die Situation offen. Kurz: Sie haben bis jetzt weder „Ja" noch „Nein" zu der Bitte des Sachbearbeiters gesagt, sondern nur offen gelegt, was er bisher mit seinen sprachlichen Finten an indirekten Beeinflussungen versucht hat. Dem Sachbearbeiter bleibt im Normalfall jetzt nur übrig, Schritt für Schritt weiterzufragen. Er kann, wenn er selbst eher zu den Wüterichen gehört, zwar in seinem Ton anders werden und fortfahren:

Sachbearbeiter: Entschuldigen Sie! Aber ich wollte Sie in Ihrem eigenen Interesse nur für eine rasche Abwicklung der Dachrenovierung gewinnen. Wenn Sie das nicht wollen, dann werde ich das registrieren und bei einem anderen Hausbewohner anrufen!

Kommentar:
Aber Sie können, weil Sie die Situation bis jetzt offen gehalten haben, darauf antworten:

Sie: Aber ich habe Ihnen doch gesagt, dass ich nicht unkooperativ sein will!

Kommentar:
Vielleicht erscheint Ihnen der Werdegang des Gesprächs bis jetzt ein wenig spitzfindig. Denn wer von uns versucht schon, auf die sprachlichen Finten seines Gegenübers einzugehen? Aber ist dieser Gesprächsverlauf nicht besser, als wenn Sie

- wie ein Anfänger der Bitte des Sachbearbeiters *ohne Wenn und Aber* entsprochen hätten,
- oder wenn Sie sich wie ein Lügner aus ihr herausgemogelt hätten und von vornherein gesagt hätten, Sie hätten keine Zeit, obwohl Sie die haben,
- oder wenn Sie wie ein Wüterich sofort pampig geworden wären und gesagt hätten, was dem Sachbearbeiter denn einfalle, Sie am Freitagabend beim Abendessen zu stören, wo er Ihnen doch bei der Sache mit dem Kaminkehrer schon so viel Unannehmlichkeiten gemacht habe?

Überlegen Sie sich diese Alternativen.

Aber vielleicht sagen Sie sich auch: Alles schön und gut, doch auf diese Entgegnungen wäre ich nie gekommen!

Darauf kann man nur antworten: Es ist ganz normal, wenn Gespräche anders ablaufen und einer der Gesprächspartner, weil er zu sehr in die Situation hineingezogen wird, etwas anderes macht, als er bei ruhiger Überlegung gemacht hätte. Jedoch wäre es dumm, daraus nicht lernen zu wollen. Sehen Sie darum ein Gespräch in seinem Ausgang nie als definitiv an, auch wenn Sie anfangs noch so sehr in die Enge getrieben wurden. Sehen Sie es vielmehr als Wegpunkt an, der Sie zu mehr Offenheit führen kann.

1. Bewerbungsgespräch

Kurzbeschreibung

Sie sind eine Frau Anfang 40 und haben sich für einen Sachbearbeiterposten bei einer größeren Firma beworben, wofür Sie zu einem Bewerbungsgespräch mit Ihrem potentiellen Chef eingeladen wurden. Ihr Gegenüber – ein etwa 50-jähriger, sportlicher, gut gekleideter Herr – ist jemand, der sehr stolz darauf zu sein scheint, wozu er es gebracht hat. Er sieht darum seine Abteilung als Aushängeschild der ganzen Firma und macht Ihnen klar, dass er eine Mitarbeiterin sucht, die das Ansehen seiner Abteilung fördert. An seiner Pinnwand sehen Sie Einladungen zu politischen Veranstaltungen einer Partei, der Sie nicht gerade nahe stehen. Allerdings suchen Sie schon allein aus finanziellen Gründen dringend einen Job. Außerdem besäßen Sie die Fähigkeiten, die bei diesem Job erforderlich sind, und mit der sonstigen Arbeitsumgebung könnten Sie sich auch anfreunden.

Der Abteilungsleiter geht mit Ihnen Ihren Lebenslauf durch und hat an einigem etwas auszusetzen. So haben Sie für ihn das falsche Fach studiert. Sie hätten seiner Meinung nach anstelle Ihrer geisteswissenschaftlichen Fächer etwas technisch oder wirtschaftlich Orientiertes studieren sollen. Außerdem haben Sie in seinen Augen zu lange studiert und haben bei Ihrer ersten Stelle nicht bewiesen, dass Sie karrierebewusst sind. Kurz: Er stellt Sie als jemanden hin, der nur „eine ruhige Kugel im Job schieben will" und zu freizeitorientiert lebt.

Dialog

(Sie klopfen an eine Bürotür. Von drinnen hören Sie „Herein". Sie öffnen die Tür und sehen den oben beschriebenen Mann mittleren Alters auf Sie zugehen. Bis er zu Ihnen kommt, haben Sie noch kurz Zeit, sich in diesem Raum umzusehen. Sie nehmen einen großen braunen Schreibtisch aus Eiche wahr mit mehreren eleganten Ledersesseln darum herum. Sie erblicken links vom Schreibtisch eine Kopie von da Vincis „Mona Lisa" und rechts davon ein großes Fenster. Hinter dem Schreibtisch sehen Sie eine große Pinnwand. Darauf finden Sie den erwähnten Veranstaltungshinweis.)

Sie: Guten Tag Herr Huber, mein Name ist X, ich bin hier zum Vorstellungsgespräch bestellt.
Vorgesetzter: Genau, guten Tag, Frau X.

(Sie geben sich die Hand und bemerken einen kräftigen Händedruck Ihres Gegenübers.)

Vorgesetzter (deutet auf einen Sessel gegenüber seinem Schreibtisch): Bitte nehmen Sie doch Platz!
Sie: Danke! (Sie setzen sich.)
Vorgesetzter: Also Sie wollen bei uns kaufmännische Sachbearbeiterin werden?
Sie: Ja genau!
Vorgesetzter: Laut Ihrer Bewerbungsunterlagen haben Sie aber bis jetzt keine kaufmännischen Erfahrungen.
Sie: Das stimmt so nicht. Ich habe bei meinem bisherigen Posten sehr wohl die kaufmännische Seite berücksichtigen müssen. Darüber hinaus mache ich gerade einen betriebswirtschaftlichen Weiterbildungskurs, den ich in vier Wochen beenden werde. Beides habe ich in meiner Bewerbung auch erwähnt.

Vorgesetzter: Aber von Ihrem Studium her sind Sie doch Geisteswissenschaftlerin und haben (er nimmt Ihre Bewerbungsunterlagen, die auf seinem Schreibtisch liegen, in die Hand) Neuere Deutsche Literatur und solche Sachen studiert?

Sie: Ja!

Vorgesetzter: Und dann haben Sie bis jetzt bei einem Schreibbüro gearbeitet?

Sie: Ich bin bis jetzt als technische Redakteurin tätig gewesen und habe bei den Projekten, die ich betreue, auch wirtschaftliche Gesichtspunkte berücksichtigt.

Vorgesetzter: Ich will ehrlich sein, Frau X, aber ich kann mir nicht vorstellen, wie Sie mit Ihrer bisherigen Ausbildung Projekte unter wirtschaftlichen Gesichtspunkten durchgeführt haben, wie Sie sagen. Können Sie darum etwas konkreter werden, wie Sie das gemacht haben?

Sie: Ich habe am Anfang des Projekts die Logistik des Projektverlaufs sehr genau ausgearbeitet im Hinblick auf die Kosten, die für das Projekt anfallen. Darüber hinaus habe ich mögliche „blocking points" für das Projekt herauszubekommen versucht, um diesen schon im vorhinein etwas entgegenzusetzen.

Vorgesetzter: Aber das ist doch normal, dass man das tut. Also Frau X, unter *wirtschaftlichen Gesichtspunkten* verstehe ich doch schon mehr!

Kommentar:
Sie können hier ersehen, wie jemand Sie von Anfang an in die Mangel nehmen will. Ihr Gegenüber versucht erst gar nicht, die Situation aufzulockern, indem er Ihnen anfangs etwas anbietet, dann von berufsfremden Dingen redet und erst langsam an das Eigentliche heranführt. Stattdessen geht dieser potentielle Vorgesetzte sofort „in medias res" und will Ihre Schwachpunkte abklopfen und Sie verunsichern. Dabei tut er so, als wären Sie für den Job die denk-

bar Ungeeignetste. Bis jetzt haben Sie ihm aber Rede und Antwort stehen können. Allerdings hat er mit dieser Strategie[20] das Gespräch eindeutig dominiert und Sie in eine Verteidigerposition hineingedrängt. Das kann Kalkül sein und nachvollziehbare Gründe haben: Dass er z. B. so sofort versucht, Sie einem Belastungstest zu unterwerfen. Das kann aber auch Ausdruck seines Charakters sein: Dass er ein autoritärer Typ ist, der erwartet, dass man sich ihm bedingungslos unterordnet. Jedoch mit seiner letzten Aussage gibt er Ihnen bewusst oder unbewusst die Gelegenheit, dass Sie aus der Verteidigerposition herauskommen. Es wäre darum gut, wenn Sie ihn ihrerseits fragen:

Sie: Was verstehen Sie denn mit „*unter wirtschaftlichen Gesichtspunkten* ein Projekt betreuen"?
Vorgesetzter: Aber das müssen Sie doch selbst wissen, wenn Sie gerade eine betriebswirtschaftliche Weiterbildung machen!

Kommentar:
Der Vorgesetzte versucht hier, sich das Heft nicht aus der Hand nehmen zu lassen. Er will Sie weiter in einer Verteidigerposition halten und setzt bis jetzt überhaupt nicht an, selbst einmal Rede und Antwort zu stehen. Meiner Meinung zeigt sich so, dass er nicht das Kalkül verfolgt, Sie einem Belastungstest zu unterwerfen. Vielmehr ist er wirklich ein autoritärer Mensch, der gerade diesen Charakterzug vor Ihnen als Frau noch besonders hervorstechen lässt. Denn eigentlich hat er mit dieser Antwort den Bogen überspannt und den Gesprächsverlauf zum Tiefpunkt geführt! Es wäre darum geraten, dass Sie sich schon zu diesem Zeitpunkt ernstlich fragen, ob Sie unter einem solchen Vorgesetzten wirklich arbeiten wollen. In jedem Fall sollten Sie, wenn es Ihr Gegenüber schon nicht tut, jetzt die Gelegenheit ergreifen, das Gespräch aufzulockern, und aus

der eingeengten Situation *förmlich herausspringen,* indem Sie auf eine Metaebene übergehen.

Sie: Herr Huber, versuchen Sie mich gerade einem Belastungstest zu unterwerfen, oder warum tun Sie alles dazu, mich in die Enge zu treiben?
Vorgesetzter: So, Sie fühlen sich also in die Enge getrieben.

Kommentar:
Spätestens ab diesem Zeitpunkt können Sie mit ziemlicher Sicherheit ausschließen, dass der Vorgesetzte mit seinem Verhalten ein strategisches Kalkül verfolgt. Vielmehr scheint er wirklich ein autoritärer Mensch zu sein. Es wäre für Sie darum am angemessensten, dem nachzugehen, um sich nicht zu sehr in die Situation hineinziehen zu lassen, sondern mit der Situation, die Sie spüren, Kontakt zu halten. Z. B. mit:

Sie: Ich fühle mich nicht nur so. Es ist so!
Vorgesetzter: Halten Sie nicht viel aus?
Sie: Ist die Frage ernst gemeint?
Vorgesetzter: Natürlich!
Sie: Ich glaube, Herr Huber, Sie suchen nicht eine fähige Sachbearbeiterin, sondern vielmehr jemanden, den Sie beliebig herumkommandieren können. Das ist nicht die Basis für eine kooperative Zusammenarbeit. Darum ziehe ich mein Interesse für diese Stelle hiermit zurück!

Kommentar:
Damit haben Sie das Gespräch *praktisch* beendet, und zwar aus dem guten Grund, weil es nicht sinnvoll ist, es weiterzuführen. Es ging bei diesem Beispiel nämlich vor allem darum, wie Sie sich einigermaßen gut aus der Affäre ziehen können, wenn ein Gespräch aus dem Ruder läuft.

Denn – und das passiert hoffentlich nicht oft, aber es passiert immer wieder: Wir sprechen manchmal mit Leuten, denen es gar nicht darum geht, mit uns wirklich in Kommunikation zu treten. Vielmehr lassen diese Leute ihre Probleme direkt oder – wie hier – indirekt in ein Gespräch einfließen und *killen* so das Gespräch. Im Normalfall will man mit solchen Leuten nichts zu tun haben. Jedoch kann es leider so sein, dass wir durch Abhängigkeitsverhältnisse dazu gezwungen sind, in solchen Verhältnissen zu leben – siehe gerade im nächsten Kapitel den „Konflikt mit einem Kollegen". Darum ist es geboten, wenn diese Abhängigkeitsverhältnisse gerade nicht zwingend sind, wie hier, dass wir früh genug erkennen lernen, ob wir mit solchen Leuten konfrontiert sind. Denn so können wir von vornherein vermeiden, in einen beruflichen Alltag hineinzukommen, der durch einen solchen Vorgesetzten bestimmt wird. Auch wenn die sonstigen Bedingungen stimmen, ist es nämlich nicht geraten, einen Job unter einem solchen Vorgesetzten anzunehmen. Wenn es nämlich von vornherein offensichtlich ist, dass wir es mit einem notorischen *Gesprächskiller* zu tun haben, wird ein Arbeitsverhältnis sehr wahrscheinlich nur zur Qual. Hier sollte es einem darum leicht fallen, „Nein" zu diesem Angebot zu sagen, um nicht ständig in einer Beziehung zu leben, in der ein anderer Ihnen Grenzen aufzwingen will. Jedoch ist es anfangs nicht immer so klar, dass man es mit einem *Gesprächskiller* zu tun hat. Oft merkt man das erst viel später, weil viele Leute diese Eigenart anfangs durch Höflichkeit etc. übertünchen können. Dann quält man sich oft lange, bis man dieses Arbeitsverhältnis beendet.

Allerdings darf dieses Dialogbeispiel nicht missverstanden werden! Denn man darf hier nicht die Konsequenz ziehen, „alle Probleme nach außen zu kehren" und einfach alle Kommunikationspartner in *Gesprächskiller* und *Nicht-Gesprächskiller* einteilen wie in gut und böse. Vielmehr sollte man sich zu jeder Zeit auch selbst fragen, wann man selbst Ansätze zum *Gesprächskiller* hat bzw. wann es vielleicht nicht nur bei diesen Ansätzen bleibt. Fragen Sie sich darum immer wieder: Trage ich in einem Gespräch vielleicht eigene Konflikte aus, die weder mit dem Gespräch noch mit dem Gesprächspartner etwas zu tun haben? Wenn das der Fall ist, gehen Sie bitte in sich und versuchen Sie diese Konflikte dort aufzuarbeiten, wo es angemessen ist. Das bedeutet: Wenn der Konflikt, der sich in einem Gespräch zeigt, nichts mit dem *Gespräch*, das Sie gerade führen, zu tun hat, sondern mit dem *Gesprächspartner*, dann sprechen Sie dies auch an und tragen diesen Konflikt so angemessen aus.[21]

Aber zurück zu unserem Bewerbungsgespräch, und zwar an die Stelle, wo es noch nicht *gekippt* ist, sondern es noch durchaus ein strategisches Kalkül des Vorgesetzten hätte sein können, so zu agieren. Also an die Stelle, wo Sie fragen:

Sie: Was verstehen Sie denn mit „*unter wirtschaftlichen Gesichtspunkten* ein Projekt betreuen"?
Vorgesetzter: Dass Sie z. B. nicht nur die direkten Kostenfaktoren und die damit verbundenen „blocking points" sehen, sondern auch die Umweltfaktoren, d. h. die gesamten Kontextfaktoren, die sehr wohl auch unter *wirtschaftlichen Gesichtspunkten* laufen. Denn es kann durchaus sein, dass ein Projekt, nur unter den direkten Kostenfaktoren betrachtet, sehr gewinnbringend ist, unter zusätzlicher Berücksichtigung der Kontextfaktoren aber sehr verlustträchtig sein kann.
Sie: Verstehe! Die Kompetenz für diese spezifischen wirtschaftlichen Gesichtspunkte war bis jetzt allerdings nicht bei mir angesiedelt, sondern einige Hierarchiestufen höher.
Vorgesetzter: In unserer Abteilung ist das so, dass Sie sich – sollten Sie unsere neue Sachbearbeiterin werden – auch

mit diesen Gesichtspunkten auseinander setzen müssen. Denn oft kommt es bei unseren Projekten zu juristischen Streitfällen, bei denen der Kunde aus Unzufriedenheit, weil er nicht das bekam, was er sich vorstellte, gegen uns klagt. Das bedeutet: Es müssen bei uns auch eventuelle juristische Kosten, Schadensfallkosten, Versicherungskosten etc. berücksichtigt werden. Natürlich haben Sie auf Ihrer Hierarchiestufe nicht die Verantwortung dafür, die Entscheidung zu treffen, ob ein Projekt gemacht wird oder nicht. Jedoch aufgrund *Ihrer* Untersuchung würden die Entscheidungsträger – z. B. ich – die Entscheidungen fällen. Kurz: Ich müsste mich auf Sie verlassen können, wenn Sie mir ein Projekt unter den bei uns relevanten wirtschaftlichen Gesichtspunkten analysieren. Dabei geht es zudem um sehr viel Geld.

Kommentar:
Hier wird klar, dass der Vorgesetzte wirklich ein strategisches Kalkül verfolgt und Sie prüft, ob er sich auf Sie unter hoher Belastung bei sehr kostenintensiven Projekten verlassen kann. Sie sollten sich zu diesem Zeitpunkt natürlich klar machen, ob Sie einen solchen Job haben möchten. Dabei spielen natürlich auch äußere Faktoren eine Rolle, z. B. der Druck, unter dem Sie stehen, überhaupt einen Job zu bekommen etc. Aber in jedem Fall zeigt sich in diesem Fall nicht wie oben, dass es geraten ist, einen solchen Job gar nicht erst anzunehmen. Hier könnte im Gegenteil die Basis für ein Berufsleben gegeben sein, in dem Sie befriedigende Arbeit leisten können.[22] Ein Symptom für ein befriedigendes Berufsleben ist im Übrigen, dass es Ihnen nichts ausmacht, immer wieder einmal Anfänger zu sein und etwas zu lernen, und Sie nicht oder nur selten in die Verhaltensmomente des Lügners oder Wüterichs verfallen.

2. Konflikt mit einem Kollegen

Kurzbeschreibung

Sie sind 45 Jahre alt, männlich und arbeiten als Sachbe-arbeiter in einer großen Firma, die Fertigungsanlagen für den Bau von Autozubehörteilen erstellt und diese jeweils an Ort und Stelle von eigenen Technikern montieren lässt. Allerdings stimmt hier das kollegiale Umfeld nicht. So sitzen Sie in dieser Funktion seit einem Jahr mit einem Kollegen in einem Büro, der dazu neigt, Sie hereinlegen zu wollen. D. h. genauer: Sie haben es hier mit einer ganz besonders radikalen Art von Lügner zu tun, der einerseits immer wieder versucht, Ihnen seine Arbeit aufzubürden, andererseits nicht davor zurückschreckt, wenn er etwas falsch gemacht hat, die Schuld auf Sie abzuwälzen. Die Beziehung zwischen Ihnen und ihm ist also ganz und gar nicht durch Vertrauen oder wenigstens Solidarität be-stimmt. Vielmehr zeichnet sie sich dadurch aus, dass Ihr Kollege sehr strategisch handelt und es als normal an-sieht, Ihnen zu Ihrem Schaden Grenzen aufzuzwingen. Dabei haben Sie in der Vergangenheit durchaus versucht, zwischen Ihnen ein Band des Vertrauens herzustellen. Jedoch haben Sie hier merken müssen, dass Ihr Kollege darauf nicht eingeht. Vielmehr schickt er sich im Gegenteil an, Sie, wenn er es für richtig hält, auch anzulügen. So sind Sie zusätzlich in dem Dilemma, dass Sie nicht nur ständig damit zu kämpfen haben, dass Ihr Kollege Ihnen Grenzen aufzwingen will, sondern Sie können das nicht einmal thematisieren. Denn Ihr Kollege würde es abstrei-ten, dass er sich so verhält. Sie haben deshalb sowohl ver-sucht, dies in Ihrer Gruppe zu klären, als auch intern zu wechseln und in ein anderes Büro mit anderen Kollegen zu kommen. Aber Sie haben mit beiden Versuchen keinen

46

Erfolg gehabt. Denn Ihre Vorgesetzten und Kollegen, die nicht unmittelbar mit ihm zu tun haben, haben von ihm kein schlechtes Bild. Da Ihnen der Job und die sonstige Arbeitsatmosphäre gefällt, wollen Sie sich wegen dieser Probleme keine neue Stelle in einer neuen Firma suchen. Jedoch können Sie dadurch eben nicht von vornherein vermeiden – wie im ersten Fall des letzten Kapitels –, dass Sie täglich mit jemandem konfrontiert sind, der Sie als Mittel zum Zweck benutzen will.

Kommentar:
Wie könnte ein Gespräch zwischen Ihnen beiden ablaufen, in dem Sie Ihrem Kollegen Ihre Schwierigkeiten mit ihm trotz der widrigen Bedingungen deutlich machen? Vor der Darstellung eines solchen Dialogs gilt es allerdings noch, sich klar zu machen: Es kommt hier ganz besonders darauf an, dass Sie genau wahrnehmen, was das Verhalten Ihres Kollegen bei *Ihnen* auslöst. Kann es nämlich sein, dass Sie sich dabei ertappen, wie durch sein Verhalten bei Ihnen ähnliche Gefühle hochkommen, die Sie auch bei ihm entdecken? Das bedeutet: Kommt in Ihnen, durch sein Verhalten angestachelt, plötzlich auch mehr und mehr das Gefühl auf, ihm im Gegenzug Grenzen setzen zu wollen? Und nicht nur das: Vergönnen Sie es ihm gerade, wenn er mit seiner Strategie Niederlagen einstecken muss? Bildet sich in Ihnen vielleicht mehr und mehr ein Hass gegen diesen Menschen aus? Und halten Sie diesen Hass nicht sogar für gerechtfertigt? Aber haben Sie es im Endeffekt dadurch nicht mit zwei parallel laufenden Übeln zu tun? Einerseits mit einem äußerlichen Übel, das Ihnen Ihr Kollege im Arbeitsleben bereitet, andererseits mit einem inneren Übel, das Sie sich, dadurch ausgelöst, selbst bereiten? Und ist nicht letzteres Übel noch viel schlimmer, weil es auch in Ihr sonstiges Leben eindringt? Denn ist es nicht so, dass Sie dadurch langsam gegen andere auch misstrau-

scher werden und vor allem selbst insgesamt immer strategischer vorgehen? Versuchen Sie also seit Beginn dieses Konflikts Ihr Umfeld ebenso mehr und mehr zu manipulieren? Aber haben Sie das nicht vielleicht auch schon vorher gemacht? Nur nicht so augenscheinlich und in einer sanfteren Form? Und gab es zwischen Ihnen und Ihrem Kollegen von vornherein vielleicht nur den einen Unterschied, dass er sich nicht scheut, dies viel offensichtlicher zu machen?

Diese Fragen sind sehr wichtig! Das mag am Anfang ein wenig *altklug* klingen, ist aber meiner Meinung der beste Weg, Ihr Dilemma anzugehen. Denn Ihr Kollege sagt sich vielleicht nur: „Im Grunde genommen verfolgt jeder Strategien, um besser voranzukommen, nur die einen bemänteln dies mit irgendwelchen Wertvorstellungen, und die anderen machen dies so radikal wie ich." D. h. vielleicht hält er sich sogar noch für den ehrlicheren Menschen.[23] Natürlich verdrängt er dadurch, dass wir alle stets vorbewusst handeln und dadurch von vornherein keine Macht über unsere Strategien haben![24] Aber verdrängen Sie das selbst nicht auch? Mit anderen Worten: Handeln und denken Sie vielleicht nur graduell anders als er? Sind Sie ihm also ähnlicher, als Sie glauben? Nur bemänteln Sie dies im Normalfall, und erst in Konfrontation mit einem Menschen wie ihm tritt dies zu Tage? Aber damit genug der einleitenden Worte! Schauen wir uns ein mögliches Gespräch, das auch hier diese Grenzen einreißen könnte, einmal an![25]

Dialog – Erster Teil

(Sie kommen am Montag früh gegen 8.30 Uhr ins Büro, Ihr Kollege ist schon da.)

Sie: Hallo Hartmut!

Kollege: Guten Morgen, Udo!

Sie: Wie war dein verlängertes Wochenende?

Kollege: Ich kann nicht klagen! Ich war, wie ich dir ja schon letzte Woche sagte, mit meinem Alpha Spider Club unterwegs. Wir sind am Donnerstag vom Starnberger See zum Gardasee gefahren und gestern wieder zurück. Es war ein toller Ausflug. Und das Wetter war super!

Sie: Also kein Regen am Samstag wie hier.

Kollege: Nein, in Italien war das schönste Wetter. Am Samstag waren wir in der Arena von Verona und schauten uns „Rigoletto" an. Wir konnten dort sogar bis Mitternacht in T-Shirts sitzen!

Sie: Beneidenswert! Hier war – wie man auf Bayrisch sagt – ein „Sauwetter".

Kollege: Na ja, man muss halt zum richtigen Zeitpunkt am richtigen Ort sein.

Sie: Du *Glücklicher*!

Kollege: Und wie war dein Wochenende?

Sie: Hätte besser sein können.

Kollege: Du warst ja am Freitag noch im Büro.

Sie: Ja leider! Da hat sich gerade bei deinem P40-Projekt für die Firma März einiges getan oder besser gesagt: nicht getan. Die Techniker können da anscheinend, weil ihnen irgendwelche Informationen für die Voreinstellungen fehlen, nicht rechtzeitig mit der Installation der Fertigungsanlage beginnen. Es sind dazu jedenfalls ziemlich viele Anrufe gekommen. Aber ich musste alle Anrufer auf heute vertrösten, d. h. bis du wieder da bist, weil ich da nicht Bescheid wusste.

Kollege: Wer hat denn angerufen?

Sie: Ich habe dir alle Anrufer auf den Notizzettel, der neben deiner Computer-Tastatur liegt, aufgeschrieben. Den hättest du eigentlich schon sehen müssen.

Kollege: Ach da! Ich bin auch erst gekommen und habe mich noch nicht so genau umgesehen.

Sie: Auch Meier-Tietze wollte dich am Freitag sehen.

Kollege: Wer, unser Abteilungsleiter [das ist der Chef Ihres Chefs]?

Sie: Ja, er schneite gegen 15 Uhr herein und war ganz verdutzt, als ich ihm sagte, du hättest Donnerstag und Freitag frei. Er meinte, wie du nur bei der jetzigen Lage im P40-Projekt hättest freinehmen können, verstehe er nicht.

Kollege: Aber hast du ihm nicht gesagt, dass mich Neubach [der Gruppenleiter und unmittelbare Chef] praktisch dazu verdonnert hat, meine Überstunden abzubauen?

Sie: Was? Wie sollte ich? Davon habe ich nichts gewusst! Aber das wird ihm Neubach wohl dann schon selbst gesagt haben. Zu dem ist nämlich Meier-Tietze schnurstracks gegangen, nachdem er dich hier nicht vorgefunden hat.

Kollege: Und war Neubach dann auch noch hier?

Sie: Hier nicht, aber als er mich darauf wegen meines A20-Projekts angerufen hat, fragte er mich, wann du Montag früh normalerweise kommst.

Kollege: Und?

Sie: Ja, ich habe ihm gesagt: Normalerweise kommst du so gegen 9 Uhr.

Kollege: Aber ich komme doch meist früher!

Sie: Du kommst auch oft später. Aber was soll's! Ich habe ja nichts Unrechtes gesagt. Ich schätze jedenfalls, dass sich Neubach hier um 9 Uhr bei uns zeigen wird!

Kollege: Hat er sonst noch etwas gesagt?

Sie: Nein, aber er schien nicht gerade bester Laune zu sein.

Kollege: Aber er wollte doch, dass ich meine Überstunden abbaue! Was kann ich dafür, dass während meiner Abwesenheit wegen P40 plötzlich die Hölle los ist! Und außerdem habe ich doch mit ihm abgesprochen, was zu machen ist!

(Ihr Telefon klingelt. Neubach ist am Apparat und will wissen, ob Ihr Kollege schon da ist. Sie bejahen. Darauf erwidert Ihr Gruppenleiter, warum dann Ihr Kollege sein Telefon nicht so einstellen könne, dass es normal durchklingelt und man nicht zu Ihnen durchgestellt wird! Er will ihn jedenfalls sofort sprechen.)

Sie: Hartmut, Neubach war am Apparat. Er will, dass du sofort zu ihm kommst.
Kollege: Warum ruft er mich dann nicht selbst an?
Sie: Dein Telefon ist noch immer auf Umleitung gestellt!
Kollege: Scheiße!

(Ihr Kollege verlässt Sie in Richtung des Gruppenleiterbüros. Nach 20 Minuten kommt er zusammen mit dem Gruppenleiter ins Büro zurück. Ihr Gruppenleiter sagt darauf zu Ihnen:)

Gruppenleiter: Ihr Kollege, Herr Mautner, hat mir gesagt, dass er Sie so weit instruiert hat, damit Sie während seiner Abwesenheit die dringenden Angelegenheiten im P40-Projekt hätten bearbeiten können. Warum haben Sie davon nichts gesagt und vor allem nichts daran gemacht?
Sie: Was hat er gesagt?
Gruppenleiter: Er habe Sie Dienstag und Mittwoch in alles Wichtige beim P40-Projekt eingeweiht, sodass Sie in seiner Abwesenheit alles Dringende hätten erledigen können.
Sie: Aber Herr Neubach, Sie wissen doch, dass ich zur Zeit in meinem A20-Projekt dick drinstecke! Da kann ich doch nie und nimmer noch ein anderes Projekt übernehmen. Außerdem hat mir Herr Mautner ...

Gruppenleiter: Aber A20 wäre in dieser Zeit nicht so wichtig gewesen. Da hätten Sie ruhig das viel dringendere P40 übernehmen können.

Sie: Aber wie? Mich hat doch darüber keiner informiert! Herr Mautner hat doch gar nichts darüber verlauten lassen!

Kollege: Aber ich habe dir doch am Mittwoch die Akte übergeben und dir die Tage vorher schon alles andere dazu gesagt!

Sie: Was hast du?

Gruppenleiter: So kommen wir nicht weiter! Irgendwie scheint es mir so, als schiebt hier nur jeder die Schuld auf den anderen! Jedenfalls gibt es dazu um 14 Uhr eine Besprechung mit Meier-Tietze. Da will ich Sie beide, meine Herren, sehen. Und bis dahin haben Sie vielleicht auch noch einiges in dieser Sache getan und wenigstens einen Teil des Schadens wieder ausgebügelt! Also machen Sie beide jetzt alles Menschenmögliche, damit wir in Sachen P40 bis zu diesem Zeitpunkt besser dastehen. Rufen Sie bei unseren Kunden an und schauen Sie, ob Sie hier noch etwas herausschinden können!

Kommentar:
Hier zeigt sich sehr deutlich, wie Ihr Kollege je nach Bedarf unterschiedliche Sachverhalte erzählt. Wobei Sie am Ende zu verdutzt sind, um darauf sofort adäquat zu reagieren.

Zweiter Teil

(Sie haben – weil Sie noch immer zu verdutzt sind – Ihren Ärger über Ihren Kollegen erst einmal verdrängt, allerdings auch, um keine Zeit zu verlieren und unter seiner Anleitung an diesem Projekt mit ihm arbeiten zu können. Bis um 13 Uhr haben Sie beide erreicht, was noch erreichbar ist. Als Ihr Kollege nun zum Mittagessen aufbrechen will, stellen Sie ihn aber vorher zur Rede und versuchen damit in einem ersten Schritt in Kontakt mit ihm zu kommen.)

Sie: Hartmut, du willst doch jetzt nicht einfach verschwinden, als wäre nichts gewesen!
Kollege: Warum?
Sie: Meinst du, ich hätte heute nichts anderes zu tun gehabt, als deinen Scheiß hier auszubaden! Dazu, und das ist wirklich die Höhe, meinst du wohl, weil du in der Patsche steckst, kannst du mich bei Neubach und vielleicht ab 14 Uhr noch bei Meier-Tietze anschwärzen?
Kollege: Warum? Was habe ich denn gemacht?
Sie: Mir hast du gesagt: Du hättest zu deinem P40-Projekt Neubach über alles informiert und vor allem: Er hätte dich sogar gezwungen, Überstunden abzubauen. Und ihm hast du gesagt: Ich sei in dieser Sache so weit unterrichtet und bereit, P40 während deiner Abwesenheit zu übernehmen.
Kollege: In gewisser Hinsicht war es doch auch so!
Sie: Hartmut, damit kommst du nicht durch. Vor allem, ... aber gut! Wenn du es so willst, dann geh jetzt Mittagessen, und wir sehen um 14 Uhr weiter!
Kollege: Das mache ich auch!

Kommentar:
Es ist jetzt natürlich viel leichter gesagt als getan: Aber gerade jetzt dürfen Sie sich nicht zu sehr in die Situation hineinziehen lassen und sollten darauf achten, wie Sie in eine Metaebene kommen!

Sie: Dann muss dir aber klar sein, dass wir vor Neubach und Meier-Tietze unseren Konflikt offen austragen und uns vor denen bloßstellen!
Kollege: Ich sehe hier keine Gefahr.

Sie: Weil du glaubst, ich scheute wie in der Vergangenheit den offenen Konflikt!

Kollege: Ich weiß vor allem nicht, was du dort gegen mich vorbringen könntest.

Sie: Z. B. dass es dir *auf Teufel komm raus* darum gegangen ist, das verlängerte Wochenende mit deinem Alpha Spider Club zu verbringen!

Kollege: Das ist doch kein Verbrechen!

Sie: Nein, aber dass dir deswegen P40 einfach schnuppe war!

Kollege: Wie willst du das beweisen?

Sie: Ich sehe die Beweislast bei dir, und es gibt jedenfalls keine schriftlichen Aufzeichnungen, dass ich dein P40-Projekt während deiner Abwesenheit übernehmen sollte.

Kollege: Aber es gibt auch nicht das Gegenteil!

Sie: Und du meinst, du kommst so jedes Mal durch?

Kollege: Neubach glaubt jedenfalls – wie du vorher gesehen hast – mir mindestens ebenso wie dir!

Sie: D. h. du willst es auf einen offenen Konflikt vor ihm und Meier-Tietze ankommen lassen?

Kollege: Wenn du klug bist, lässt du es gar nicht so weit kommen. Denn deine Aussichten, dass du damit etwas erreichst, sind nicht gut! Denen geht es nicht um einen Schuldigen, sondern darum, dass irgendwer die Arbeit tut! Du solltest denen lieber gemeinsam mit mir mitteilen, was wir heute noch geschafft haben und wie wir so die Kastanien aus dem Feuer geholt haben.

Sie: Hartmut, du kapierst nicht, dass du heute eine Grenze überschritten hast! Auch wenn es mir kurzfristig selbst schadet, ich werde so nicht mehr weitermachen! Ich werde dich nicht mehr passiv darin unterstützen, dass du stets auf Kosten anderer dein Süppchen kochst!

Kollege: Wer kocht hier auf Kosten anderer sein Süppchen? Ich bin mir wirklich keiner Schuld bewusst! Wenn du daraus ein Drama machen willst, dass ich zwei Tage weg war und du meine Arbeit hättest übernehmen sollen, dann bitte! Aber wer sieht darin etwas Ungewöhnliches? Darauf ist einfach die normale Solidarität im Arbeitsleben aufgebaut. Wenn es umgekehrt ist, muss ich ja auch deine Sachen erledigen!

Sie: Du verschweigst nur erstens, dass ich seit eben erst weiß, dass ich deine Sachen hätte erledigen sollen, und zweitens, dass es bisher nie so weit gekommen ist, dass du der gewesen bist, der für andere etwas macht. Vielmehr läuft es immer nur umgekehrt! Darum ist es ziemlich höhnisch von dir, dass du von Solidarität sprichst, denn du praktizierst die am allerwenigsten!

Kollege: Und was war bei deinem letzten Urlaub?

Sie: Da hast du mich *auflaufen* lassen und, als ich wieder zurückgekommen bin, gesagt, ich hätte dir nicht alles erklärt, sodass du an meinen Projekten nichts hättest tun können!

Kollege: Erstens habe ich sehr wohl etwas daran getan, z. B. sehr viele Anrufe deswegen entgegengenommen und Besprechungen über mich ergehen lassen! Zweitens stimmt es, dass du mir nicht alles erklärt hast!

Kommentar:

Bis jetzt scheint es, dass dieses Gespräch nicht viel bringt. Jeder *blockt* nur! Aber Sie stellen einerseits Ihrem Kollegen Ihr einseitiges Verhältnis offen dar, andererseits versuchen Sie – vielleicht zum ersten Mal –, Ihrem Kollegen klar zu machen, dass Sie den direkten Konflikt nicht mehr scheuen! Das hat Ihr Kollege vielleicht nicht in seinem Kalkül, weil er vor allem danach nicht mehr so leicht seine Art des Lügens fortsetzen kann! Denn er wird dadurch radikal auf sein Verhalten angesprochen. Natürlich ist es nicht immer das Allheilmittel, einen offenen Konflikt zu suchen, aber in Auseinadersetzung mit Lügnern ist das oft angebracht.

Sie: Das sind alles Ausreden! Damit wirst du dieses Mal nicht mehr durchkommen. Du wirst schon sehen. Und jetzt gehe *ich* zum Mittagessen.
Kollege: Ich habe jedenfalls keine Angst vor dir!

(Sie verlassen den Raum und gehen in die Kantine.)

Kommentar:
Sie fragen sich vielleicht nach der bisherigen Auseinandersetzung: Ist es gut, wenn Sie sowieso gewillt sind, den Konflikt vor Ihren Vorgesetzten auszutragen, dies vorher noch vor Ihrem Kollegen anzukündigen? Ist nicht so Ihr strategisch agierender Kollege von vornherein besser vorbereitet? Aber wäre es dann nicht so, dass Sie im Gegenzug auch strategisch handeln? Ginge es Ihnen dann nicht nur mehr darum, sich durchzusetzen, und in keiner Weise mehr um Kontakt? Aber was tun, wenn es gar nicht möglich erscheint, Kontakt aufzunehmen? Im ersten Fall des Bewerbungsgesprächs mit dem Vorgesetzten war es doch am besten, sich gar nicht mehr weiter auf ihn einzulassen und den Kontaktversuch völlig abzubrechen, weil Ihr Gegenüber ein *Gesprächskiller* war! Nur geht das hier leider nicht! Denn Sie wissen ganz genau, dass Sie am nächsten Arbeitstag wieder mit Ihrem Kollegen zu tun haben. Schon deshalb ist es nicht geraten, sich hier nur strategisch zu verhalten. Sie sollten die Möglichkeit für einen tatsächlichen Kontakt nie von vornherein ausschließen, auch wenn dies heißt, den direkten Konflikt mit ihm zu suchen. Versuchen Sie dazu ja nicht, ihn im Gegenteil strategisch auszumanövrieren. Zwar mögen die Versuche der Kontaktaufnahme, wie in diesem Fall, sehr energieaufreibend sein. Jedoch – wenn Sie dies nicht tun – werden Sie dadurch zu jemandem, der glaubt, andere manipulieren zu können! Dabei hat dies nicht einmal in erster Linie mit einem ethi-

schen Gebot zu tun, sondern vor allem mit der Einsicht, dass Manipulationen sowieso von vornherein zum Scheitern verurteilt sind, weil Sie so das Faktum des vorbewussten Handelns verdrängen.

Aber wie geht es in diesem Beispiel weiter?

Ihr Kollege geht Ihnen nach und will Sie dazu bewegen, dass Sie keinen direkten Konflikt vor Ihren Vorgesetzten suchen. Sie gehen darauf jedoch nicht ein! Denn – und hier kommen wir noch zu einem wichtigen Punkt: Auch wenn Sie es bis jetzt nicht geschafft haben, diesen Konflikt in der Gruppe zu lösen, er ist nur in der gesamten Gruppe lösbar. Wenn die anderen Mitglieder der Gruppe bis jetzt entweder aus Gleichgültigkeit oder wegen mangelnder Informationen versucht haben, sich hier herauszuhalten, dann ist es nun Ihre Aufgabe, die anderen so zu involvieren, damit sie das nicht mehr tun können. Kurz: Sie sollten die kommende Besprechung mit dem Gruppenleiter und Abteilungsleiter in jedem Fall nutzen, die Informationen offen zu präsentieren. Dies sollte vor allem auch im Sinne der Zusammenarbeit der gesamten Gruppe sein. D. h. Sie sollten sich hier in keiner Weise von Ihren Vorgesetzten damit abfertigen lassen, dass dies nicht hierher gehöre, weil hier nur über die Schwierigkeiten im Projekt P40 geredet werden soll. Wenn Ihre beiden Vorgesetzten trotzdem ausweichen und z. B. Terminschwierigkeiten vorschützen, sollten Sie vor allem darauf dringen, dass ein konkreter Termin angesetzt wird, wo Sie Ihre Probleme unter Teilnahme sämtlicher Betroffener vorbringen können. Sind Ihre Vorgesetzten dazu nicht bereit, heißt das, dass sie das Problem nicht als Gruppenproblem anerkennen. Damit zeigen Ihre Vorgesetzten aber, dass sie die nötigen Qualifikationen, eine Gruppe zu leiten, nicht haben. In diesem Fall sollten Sie darum in Betracht ziehen, den Job zu wechseln, weil in der Gruppe, in der Sie sich befinden, nicht die nötigen Konfliktbewältigungsmöglichkeiten gegeben sind, sondern Konflikte unterdrückt werden. Und das bedeutet für Sie konkret: Sie haben keine Möglichkeit, Ihren Konflikt mit Ihrem Kollegen zu lösen!

Aber nun zurück zum Dialogbeispiel, das mit dem für 14 Uhr angesetzten Gespräch weitergeführt wird.

(Ihr Abteilungsleiter, Meier-Tietze, und Ihr Gruppenleiter, Neubach, sitzen schon im Besprechungsraum, als Sie und Ihr Kollege eintreten. Nach der allgemeinen Begrüßung beginnt Meier-Tietze das Gespräch.)

Abteilungsleiter: Was haben Sie beide heute bei P40 noch erreicht?

Kollege: Die Verantwortlichen bei der Firma März sind insoweit zufrieden, dass Sie den neuen Termin, der sich um zwei Tage verschoben hat, akzeptieren. Denn wir haben Ihnen klar gemacht, dass dadurch die Fehleranfälligkeit der Fertigungsanlage geringer ist, weil wir in diesen zwei Tagen ergänzende Tests durchführen können. Das bedeutet: Sie stellen nicht wie vorher den gesamten Vertrag in Frage und vertrauen uns wieder, dass wir das Ganze in den zusätzlichen zwei Tagen hinbekommen und dazu noch in besserer Qualität!

Abteilungsleiter: Gut!

Sie: Allerdings haben wir uns beim Preis bis jetzt nicht ganz einigen können. März will wegen des Zeitverzugs eine Preisminderung.

Kollege (der Sie auf diese Aussage hin böse anschaut): Aber das kriegen wir auch noch hin, wenn der Kunde erst einmal sieht, wie gut P40 bei ihm läuft!

Sie: Aber erstens ist das natürlich mit dem Risiko verbunden, dass sich das wirklich so verhält und P40 gut läuft. Zweitens haben wir keine Aussagen darüber, dass der Kunde nicht auch in diesem Fall auf die Preisminderung dringen wird. Schließlich kann er deswegen erst zwei Tage später mit seiner geplanten Produktion beginnen! Und vertraglich hätte er ein Recht auf eine Preisminderung. Schließlich können *wir* den Termin nicht halten.

Abteilungsleiter: D. h. uns gehen genau die zwei Tage ab, an denen während des Urlaubs von Herrn Mautner nichts an P40 gemacht wurde. Wären in diesen Tagen die Techniker von uns mit den nötigen Informationen versorgt worden, so gäbe es hier keine Terminverschiebung von unserer Seite!

Kollege: Das kann man so nicht sagen! Denn die Informationen hätten auch während meiner Abwesenheit weitergegeben werden können!

Abteilungsleiter: Von wem, von Herrn Kersten [das sind Sie]?

Kollege: Ja!

Sie: Das ist eine Verleumdung! Ich wusste bis zu deiner Abwesenheit, Hartmut, nichts von dem Termindruck bei P40 und von den fehlenden Informationen der Techniker. Und schon gar nicht wusste ich darüber Bescheid, wie ich den Technikern diese Informationen hätte besorgen können.

Kollege: Ach was!

Sie: Ich wusste nur, dass du, Hartmut, wegen deines Automobilclub-Ausfluges unbedingt zwei Tage freihaben wolltest. Dazu sagtest du mir heute, dass dir Herr Neubach schon lange damit in den Ohren gelegen sei, dass du deine Überstunden abbaust!

Gruppenleiter: Wie? Ich soll Herrn Mautner wegen Überstundenabbau in den Ohren gelegen sein?

Abteilungsleiter: Hier kocht wohl jeder sein eigenes Süppchen! Teamorientiert geht hier von Ihnen, meine Herren, wohl niemand vor! Herr Neubach, nehmen Sie dazu erst einmal Stellung! Haben Sie Herrn Mautner angewiesen, seine Überstunden abzubauen, ohne zu gewährleisten, dass die Arbeit an P40 reibungslos weitergeht?

Gruppenleiter: Er hat mir beim Ansuchen wegen der zwei freien Tage versichert, dass deswegen bei P40 keine Verzögerungen eintreten werden!

Abteilungsleiter: Heißt das, er versicherte Ihnen auch, dass Herr Kersten P40 voll übernehmen kann?

Gruppenleiter: Explizit sagte er das nicht! Aber er versicherte mir, dass alles gewährleistet sei, damit bei P40 nichts *anbrennt*!

Kommentar:

Auch wenn bis jetzt keine Lösung des Konflikts mit Ihrem Kollegen erreicht ist, haben Sie in diesem Disput das getan, was Sie tun können: Sie haben die relevanten Personen innerhalb der Gruppe, die das angeht, über Ihre Sicht Ihres Kollegen informiert und sind so mit diesen in Kontakt gekommen. Wie sich diese Personen dann dazu stellen, ist wieder eine andere Sache.

Es kann – um das nochmals zu betonen – durchaus sein, dass Ihre Vorgesetzten diesen Konflikt „unter den Teppich kehren" und sich ihrer Verantwortung entziehen wollen. Aber das können Sie nicht kontrollieren! Sie haben nicht die Macht, die Gruppenmitglieder in Ihrem Sinne zu beeinflussen. Falls Sie versuchen, diese Macht zu bekommen, agieren Sie nur analog zu Ihrem Kollegen. Und das gilt es gerade zu vermeiden, weil Sie dadurch sowohl das äußere Übel, das Ihnen Ihr Kollege bereitet, als auch das innere Übel, das Sie sich selbst bereiten, durch Ihr eigenes Handeln anerkennen und sogar potenzieren. Stattdessen sollten Sie immer auf eine Einigung[26] aus sein, die von der gesamten Gruppe getragen wird. Denn nur so begegnen Sie den beiden Übeln durch offenes Neinsagen.

Kommt es zu keiner solchen Einigung bzw. fällt diese so aus, dass sie für Sie unakzeptabel ist, dann sollten Sie auf einer anderen Ebene „Nein" sagen und sich einen anderen Job suchen. Denn dann gelten hier Kriterien, die unter das fallen, was man u. a. als „Mobbing" bezeichnet: Sie sind strukturell bedingt Schikanen ausgesetzt.

3. Konflikt mit Nachbarn

Kurzbeschreibung

Sie, weiblich, leben mit Ihrer Familie seit kurzer Zeit als Besitzer einer 4-Zimmer-Eigentumswohnung in einer Großstadt. Sie und Ihr Ehemann sind Mitte 30, Ihr Sohn ist 11 und Ihre Tochter 8 Jahre alt. Neben Ihnen wohnt ein jungverheiratetes Ehepaar Mitte 20 ohne Kinder; beide studieren noch. Dieses Nachbar-Paar liebt es, die Stereoanlage mit Technomusik vor allem zu Nachtzeiten voll aufzudrehen, sodass Sie und Ihre gesamte Familie schon öfter um den Schlaf gebracht worden sind. Sie haben die beiden deswegen schon einmal angesprochen, dabei im Gegenzug aber nur hören müssen, dass Ihre Kinder auch nicht immer ruhig seien. Deshalb sähen die beiden keinen Anlass, sich in Zukunft anders zu verhalten. Es kommt dabei noch hinzu, dass die beiden mit den anderen Nachbarn gut befreundet sind und Letztere den Lärm des jungverheirateten Paars bis jetzt tolerieren, wie Sie durch Vorgespräche wissen.

Was tun Sie hier, wenn das Nachbar-Paar wieder einmal unangekündigt ein Fest feiert und bis 4 Uhr in der Frühe „die Puppen tanzen lässt"? Wie stellen Sie die Frau, die Sie am nächsten Tag auf der Treppe treffen, zur Rede?

Dialog

(Sie treffen die junge Nachbarin im Treppenhaus am Tag nach dem unangekündigten Fest.)

Sie: Guten Tag. Gestern war es bei Ihnen ja wieder ziemlich lange sehr laut!
Nachbarin: Ja, wir haben meine bestandene Zwischenprüfung gefeiert.
Sie: Und wir konnten deshalb bis 4 Uhr in der Früh kaum schlafen.
Nachbarin: Ach!
Sie: Das kann so nicht weitergehen!
Nachbarin: Aber dass Ihre Kinder dauernd streiten und schreien, das schon!
Sie: Erstens streiten und schreien sie nicht dauernd, und zweitens machen sie das nicht mitten in der Nacht!
Nachbarin: Aber das fängt oft schon vor 7 Uhr in der Früh an, egal ob an einem Wochentag oder am Wochenende! Im Übrigen feiern auch wir nicht dauernd!
Sie: Aber es ist wohl ein Unterschied, ob Sie jemandem mit Ihrem Lärm den Schlaf rauben oder nicht!
Nachbarin: Das tun Sie doch genauso!
Sie: Trotzdem ist es ein Unterschied, ob Sie in der Nacht oder wir manchmal in der Frühe laut sind. Darüber hinaus tun wir das nicht mit Absicht!
Nachbarin: Das ist Ihre Ansicht! Für uns läuft das auf das Gleiche hinaus!

Kommentar:
Sie merken schon: Hier gibt keiner nach. Einen Vorwurf der einen Seite beantwortet die andere Seite sofort mit einem Gegenvorwurf. So kommen Sie beide nicht weiter, sondern Ihr Konflikt verhärtet sich und droht dadurch zu eskalieren! Allerdings hat das natürlich Gründe: Beide

Seiten sind voneinander genervt! Aber das ist natürlich nur die Oberfläche. Vielmehr führen beide Seiten, vor allem durch Alter und Familiensituation bedingt, ein sehr verschiedenes Leben und sehen keinen Anlass, sich in die andere Seite hineinzuversetzen und sich aufeinander abzustimmen. Kurz: Es fehlt vor allem Verständnis füreinander. Deshalb kommt es zu überhaupt keinem Kontakt in diesem Gespräch. Sie reden völlig aneinander vorbei! Hier ist es darum vor allem wichtig, dass eine Seite versucht, überhaupt einmal in Kontakt mit der anderen Seite zu kommen.[27] Natürlich kann das fehlschlagen und der Konflikt trotzdem eskalieren. Aber erst wenn ein ernsthafter Kontaktversuch gescheitert ist, sollten Sie über Eskalationsszenarien sinnieren, die übrigens ein gewisses Maß nicht überschreiten sollten. Doch dazu weiter unten! Jetzt soll erst einmal ein *tatsächlicher* Versuch der Kontaktaufnahme geschildert werden.

Sie: Guten Tag!
Nachbarin: Guten Tag!
Sie: Gestern war es bei Ihnen ja wieder ziemlich lange sehr laut!
Nachbarin: Ja, wir haben meine bestandene Zwischenprüfung gefeiert.
Sie: Gratuliere! Allerdings weiß ich nicht einmal, was Sie überhaupt studieren.
Nachbarin: Ich studiere Kommunikationswissenschaften im Hauptfach.
Sie: Ich habe früher wie Holger, mein Mann, Jura studiert. Aber kurz vor dem ersten Staatsexamen wurde ich schwanger, sodass ich das Studium geschmissen habe. Da Holger zu diesem Zeitpunkt gerade sein zweites Staatsexamen bestanden hatte, gingen wir den scheinbar einfachsten Weg: Er verdient seither das Geld und ich kümmere mich um die Kinder.

Nachbarin: Werner, mein Mann, macht nächstes Jahr seinen Magister in Romanistik und hofft, an der Uni bleiben zu können. Ich will in jedem Fall auch noch zu Ende studieren.

Sie: Das wünsche ich Ihnen. Denn ich bereue es, dass ich nicht fertig studiert habe.

Nachbarin: Das kann ich verstehen.

Sie: Aber nochmals zu letzter Nacht: Mir ist natürlich klar, dass Sie Ihre abgeschlossene Zwischenprüfung feiern wollten. Aber können wir das vielleicht in Zukunft abstimmen, wenn Sie das nächste Mal feiern, damit wir uns darauf einstellen können?

Kommentar:

So oder so ähnlich könnte ein Versuch der Kontaktaufnahme laufen – vor allem wenn Sie erst kurze Zeit Nachbarn sind und bisher noch nicht viel voneinander wissen. Probieren Sie es auf alle Fälle! Aber was tun, wenn es nicht klappt? Oder wenn Ihre Nachbarin zwar zusagt, dass Sie das nächste Mal eine Feier mit Ihnen abstimmen wird, aber das nicht tut, wenn es dann so weit ist?

Zum 1. Fall: Die Nachbarin zeigt im weiteren Gespräch, dass sie gar nicht daran denkt, dass sie und ihr Mann an ihrem Verhalten etwas ändern.

Nachbarin: Können Sie im Gegenzug in Zukunft mit uns abstimmen, dass sich Ihre Kinder nicht mehr in aller Herrgottsfrühe streiten und dabei mit ihrem Geschrei das ganze Haus aufwecken?

Sie: Was meinen Sie hier mit „abstimmen"? Unsere Kinder tun das doch nicht überlegt! Das kommt eben leider vor! Doch können wir in jedem Fall versuchen, dass es in Zukunft nicht mehr passiert! Aber versprechen können wir es leider nicht.

Nachbarin: Sehen Sie! Und deshalb sehen wir keinen Anlass, auf unseren Spaß zu verzichten. So ist z. B. das Fest gestern auch nicht *überlegt*, sondern *spontan* entstanden, und das war gerade das Schöne daran! Hätten wir das lange vorbereitet und uns lange mit Ihnen abgestimmt, wäre das nur viel Stress gewesen, aber kein Spaß mehr!

Sie: Aber so kommen wir nicht weiter! So nerven wir uns nur die ganze Zeit, und irgendwann eskaliert das!

Nachbarin: Solange Sie Ihre Kinder nicht im Griff haben, sehen mein Mann und ich keine Veranlassung, irgendetwas zu ändern! Sie haben uns schon genug Nerven gekostet!

Sie: Aber wir leben doch erst seit ein paar Monaten hier!

Nachbarin: Das reicht uns schon!

Sie: Was wollen Sie mit diesem Verhalten erreichen? Sie wissen, dass wir diese Wohnung gekauft haben und wir also nicht mehr so schnell hier ausziehen werden. Das bedeutet: Wenn Sie und Ihr Mann noch länger hier leben, leben Sie neben Leuten, die Sie sich auf diese Art und Weise zu Feinden machen! Wollen Sie das wirklich?

Nachbarin: Ich sehe nur die Tatsachen, und die zeigen, dass es nicht anders geht. Sie haben vorher selbst zugeben müssen, dass Sie Ihre Kinder nicht so im Griff haben, dass die uns in Zukunft nicht mehr um den Schlaf bringen werden!

Sie: Aber ich habe Ihnen auch zugesagt, dass wir es versuchen werden!

Nachbarin: Das genügt nicht!

Sie: Ihnen ist aber schon klar, dass Sie durch eine solch unkooperative Art regelrecht auf eine Eskalation dieses Konflikts zusteuern?

Nachbarin: Wir haben davor keine Angst!

Sie: D. h. also, Sie würden auch vor einem juristischen Konflikt nicht zurückschrecken?

Nachbarin: Warum sollten wir?

Sie: Sie wissen ja, mein Mann ist Rechtsanwalt. Wenn Sie es nicht anders wollen, dann werden wir eben auf diese Weise unseren Konflikt austragen!

Nachbarin: Soll das eine Drohung sein?

Sie: Jetzt hören Sie einmal zu! Ich habe die ganze Zeit versucht, mit Ihnen auf eine Basis zu kommen, bei der wir als Nachbarn beide Nutzen ziehen, und Ihre Reaktion war nur zu blocken! Glauben Sie vielleicht, das ist die richtige Art, diesen Konflikt zu meistern? Sie drängen uns ja förmlich dazu, einen juristischen Weg zu beschreiten!

Kommentar:

Haben Sie hier bisher wirklich versucht, Kontakt zu bekommen, oder haben Sie nur eine Strategie angewendet? Diese Frage ist sehr wichtig und wird deshalb in diesem Kapitel weiter unten noch ausführlich behandelt! Bis jetzt können wir in jedem Fall festhalten: Der Versuch der Kontaktaufnahme schlug fehl, und es ist zu keinerlei Annäherung gekommen. Es ist darum keine schlechte Idee, dieses Fehlschlagen auf einer Metaebene zu beschreiben, wie Sie es mit Ihrem letzten Gesprächsbeitrag machen. Auch wenn Ihr Gegenüber daraufhin nicht in der gewünschten Weise reagiert. Darüber hinaus ist es angemessen, dass Sie Ihrer Kontrahentin zeigen, welche Möglichkeiten Sie nun sehen. Dass, wie in diesem Fall, Ihr Mann Jurist ist, kann ein Vorteil sein, muss es aber nicht. Zwar ist es nicht abträglich, auf diesen Eskalationsweg verweisen zu können, allerdings sollte dieser Weg nur der letzte Ausweg sein. Vorher sollten Sie das untereinander, dann im nächsten Schritt im Rahmen der Hausgemeinschaft und erst dann – wenn das alles nichts hilft – auf juristischem Wege zu bereinigen versuchen. Einen Schritt zu überspringen ist nicht sinnvoll, schon deswegen, weil Sie noch andere Nachbarn haben. Das bedeutet: Der Hinweis auf den juristischen Weg kann, wenn er voreilig gemacht wird, die

Situation noch verschlimmern. So könnte Ihre Kontrahentin auf Ihre letzte Aussage antworten:

Nachbarin: Meinen Sie, damit gewinnen Sie etwas? Damit machen Sie sich im ganzen Haus doch nur lächerlich, wenn Sie vor Gericht gehen! Auf Prozesshanseln legen wir hier nämlich keinen Wert.

Sie: Und Sie sprechen dabei im Namen der gesamten Hausgemeinschaft?

Nachbarin: Wir haben uns alle schon über Sie verständigt!

Sie: Was heißt das?

Nachbarin: Dass wir uns klar gemacht haben, was wir von Ihnen zu halten haben!

Sie: Das klingt ja fast so, als wären Sie über uns zu Gericht gesessen!

Nachbarin: Sie müssen das als Juristin natürlich sofort wieder gerichtsmäßig beschreiben!

Sie: Sie hören da etwas heraus, was ich in keiner Weise gewollt habe. Nun jedoch zu den Fakten: Mir ist schon klar, dass wir die anderen Hausbewohner noch nicht so gut kennen wie Sie, und zwar einfach, weil wir als Letzte in dieses Haus eingezogen sind. Aber ich kann mir nicht vorstellen, dass die uns nicht eine Chance geben. Bis jetzt war der Kontakt mit denen jedenfalls ganz gut. Die waren in keiner Weise so abweisend zu uns wie Sie. Und das finde ich auch normal! Schon deshalb, weil das im Interesse von jedem sein müsste, mit den anderen im Haus gut auszukommen. Darum verstehe ich bei Ihnen auch nicht, warum Sie so blocken. Meinen Sie etwa, Sie könnten von vornherein eine Allianz gegen uns aufbauen, nur weil wir Kinder haben? Ich schätze, die Möglichkeit, Kinder zu bekommen, schließen Sie bei sich selbst auch nicht aus! Und was ist dann?

Nachbarin: Um das geht es jetzt doch gar nicht.

Sie: Um was dann?

Nachbarin: Sie passen hier einfach nicht in diese Hausgemeinschaft!
Sie: Wer bestimmt das?

Kommentar:
Damit wurde bis jetzt in diesem ersten Fall ein extremes Beispiel für eine Gegenseite gegeben, die insgesamt überhaupt nicht daran denkt, zu Ihnen in Kontakt zu treten. In diesem Fall ist es am besten, wenn Sie den Konflikt im nächsten Schritt in einer größeren Gemeinschaft (konkret: der Hausgemeinschaft) diskutieren, um hier zu einer Einigung zu kommen.

Damit hat der bisher beschriebene Nachbarnkonflikt sowohl zum Konflikt mit einem Kollegen Parallelen, wie er im letzten Kapitel erzählt wurde, als auch zu dem im ersten Kapitel beschriebenen Vorstellungsgespräch: Einerseits scheint der Konflikt nur auf Gruppenebene in Form einer Einigung lösbar zu sein. Andererseits sind Sie hier auf jemanden getroffen, der Ihnen von vornherein ohne Kompromisse strikte Grenzen aufzwingen will. Kurz: Es handelt sich bei Ihrer Kontrahentin wiederum um eine Art von *Gesprächskiller* (also eine Form des Wüterichs, der sich im Übrigen nicht immer als laut erweisen muss). Dabei heißt es wiederum, sich dem nicht zu beugen, aber auch nicht von Ihrer Seite mit demselben Schema zu reagieren. Sie dürfen also wiederum nicht versuchen, Ihrem Gegenüber ebensolche Grenzen aufzuzwingen, wie er das versucht. Aber das ist natürlich leichter gesagt als getan. Denn beim Vorstellungsgespräch haben Sie, wenn Sie eine strikte Unkooperativität bei Ihrem Gegenüber bemerken, die Möglichkeit, einfach „Nein" zu diesem Jobangebot zu sagen. Dann müssen Sie mit einem solchen Menschen nicht weiter verkehren. Aber wenn Sie ein paar Monate nach dem Einzug in Ihre Eigentumswohnung wahrnehmen müssen, dass sich Ihre unmittelbaren Nachbarn unkooperativ verhalten, können Sie diesen Konflikt nicht einfach meiden. Darum ist es am besten, auch hier eine Lösung auf Gruppenebene zu suchen. Denn wiederum darf dieser Konflikt nicht isoliert betrachtet werden, sondern er geht die gesamte Hausgemeinschaft an. Erst wenn die nicht bereit ist, Ihre Verantwortung zu tragen, oder Ihr Konfliktpartner keine Einsicht zeigt, dann ist es geraten, sich an die umfassendere Gemeinschaft zu wenden, die von den Gerichten vertreten wird.[28]

Was heißt das konkret?

Bei der Beantwortung dieser Frage ist es nun an der Zeit, einerseits auf den Unterschied zwischen dem „Selbstinteresse des Einzelnen" und dem „In-Kontakt-Treten" einzugehen und andererseits darauf, wie Sie beides verbinden können. Bis jetzt wurde in diesem Beispiel beides, der Unterschied und der Zusammenhang, noch nicht berücksichtigt. Allerdings sprachen *Sie* in diesem Gespräch explizit die Worte „Interesse von jedem" oder weiter oben „als Nachbarn beide Nutzen ziehen". Darum kommen wir jetzt auf die oben angesprochene Frage zurück: Haben Sie hier bisher wirklich versucht, Kontakt zu bekommen, oder haben Sie hier nur eine Strategie angewendet? Und darauf aufbauend: Können und müssen wir immer versuchen, mit anderen oder der gesamten Situation in Kontakt zu treten? Ist es nicht manchmal besser, eine Strategie anzuwenden und nach eigener Interessenlage zu handeln?

Bevor dies in einem weiterführenden Dialog veranschaulicht wird, können Sie sich Folgendes als Faustregel merken: Mit der Situation sollten Sie immer versuchen, in Kontakt zu treten, aber mit Menschen ist das oft nicht oder nur teilweise möglich. In diesem konkreten Fall heißt das: Sie müssen nicht versuchen, die Nachbarin zu Ihrer besten Freundin zu machen und in einen persönlichen Kontakt zu Ihr zu treten. Nein, In-Kontakt-Sein richtet sich vor allem immer nach der Angemessenheit in der jeweiligen Situation. Das bedeutet hier, dass Sie in beiderseitiger Rücksichtnahme als Nachbarn leben können.[29] Aber Angemessenheit hat nichts mit einer Strategie zu tun, sondern mit einem Abklären, was möglich und sinnvoll ist. Wenn Sie angemessen vorgehen, haben Sie also keinerlei Machtinteresse, etwas, das bei einer Strategie immer eine Rolle spielt. Sie wollen somit der Nachbarin grundsätzlich nichts aufzwingen, sondern zu einer Einigung mit ihr kommen. Ist das mit ihr selbst nicht möglich, heißt „angemessen handeln", Eskalationswege zu beschreiten, aber auch hier nie deswegen, weil Sie Ihrem Gegenüber etwas aufzwingen wollen, sondern weil Sie auf einer anderen Ebene eine Einigung erzielen wollen. „Strategien anwenden" heißt dagegen immer, andere manipulieren zu wollen und keine Einigung zu suchen. Auch wenn Sie sich mit einer Strategie gegen die Nachbarin durchsetzen, ist das nur ein Scheinsieg. Denn allein wegen des vorbewussten Charakters unseres Handelns hat niemand Macht über Strategien. Selbst wenn die so genannte Wirklichkeit dem noch so oft zu widersprechen scheint, ist das so, weil wir uns dabei lediglich einer Illusion aussetzen und in Vorstellungen leben, anstatt angemessen wahrzunehmen und unserem intuitiven Handeln zu vertrauen.[30]

Darum ist es so, dass wir solche Worte wie „Interesse des Einzelnen" oder „Nutzen" einerseits strategisch, andererseits angemessen benutzen können. Wenn wir im Kontext dieses Sprachgebrauchs manipulativ agieren, wenden wir Strategien an, wenn wir im Kontext dieses Gebrauchs versuchen, mit einem Gesprächspartner oder einer Situation in Kontakt zu treten, dann handeln wir angemessen. Was damit ausgedrückt werden soll, ist: Machen Sie es nicht in erster Linie an Worten fest, wie jemand agiert. Jemand, der oft von „Nutzen" oder „Eigeninteresse" redet, kann durchaus jemand sein, mit dem Sie sehr gut in Kontakt treten können. Umgekehrt kann jemand, der vom Gemeinwohl faselt, völlig anderes im Sinn führen. Aber natürlich gilt dann: Sie selbst sollten solche Worte wie „Eigeninteresse" und „Nutzen" nur im Mund führen, wenn Sie so in Kontakt mit Ihrem Gegenüber kommen und etwas tun können, das der Angemessenheit dient.

Gehen Sie also insgesamt pragmatisch vor und nehmen Sie weder Ihre eigenen sprachlichen Begriffe noch die Ihres Gegenübers immer allzu wörtlich, sondern spüren Sie dem nach, ob Sie und Ihr Gegenüber mit den gewählten Begriffen auf eine gemeinsame Basis kommen können. Mit anderen Worten: *Holen Sie Ihren Gesprächspartner da ab, wo er ist*, und versuchen Sie so, eine Kommunikationsbasis zu finden. Wenn Ihr Gegenüber scheinbar nach Kosten-Nutzen-Denken agiert, versuchen Sie auf diese Weise, Kontakt zu bekommen.

Manche schätzen so ein Vorgehen wahrscheinlich als eine auf die Spitze getriebene Strategie ein, weil sie es so auffassen, dass man dabei jedem nur nach dem Mund redet. Aber das ist damit ganz und gar nicht gemeint! Da niemand Macht über seine Strategien hat, *meint* nämlich Ihr Gegenüber z. B. nur, dass er Kosten-Nutzen-orientiert handelt, im Grunde genommen handelt er aber auch nur vorbewusst und hat sein Verhalten wie jeder andere letztendlich nicht im Griff. Und gerade im Kontakt mit einer Situation handelt er darum anders, als er sich das vorstellt. Wie er sich *tatsächlich* verhält, das erschließt sich der Wahrnehmung nur langsam und nie ganz. Vielleicht erkennen Sie dann, wie sich das Sprichwort bewahrheitet und sich oft *hinter einer rauen Schale ein weicher Kern verbirgt*. Dass jemand z. B. zwar immer argumentiert, als wäre er der „Übermensch" selbst,[31] im Grunde genommen es aber nicht übers Herz bringt, jemandem nur irgendetwas zuleide zu tun.

Aber damit sind wir ein wenig vom Dialogbeispiel abgekommen! Die Fragen, die Sie beschäftigen, lauten ja noch immer: Wie machen Sie Ihrer Nachbarin nun klar, dass, wenn sie selbst zu keiner Einigung bereit ist, Sie das auf der Ebene der Hausgemeinschaft versuchen werden? Und wenn das nicht klappt, dann werden Sie den juristischen Weg einschlagen, und zwar immer so, dass Sie dabei auf eine Einigung aus sind, nicht auf eine Manipulation.

Sie: Hören Sie, vielleicht habe ich Sie durch meine Hinweise, dass mein Mann Jurist ist, und durch meinen juristischen Sprachgebrauch verschreckt. Mir liegt nichts daran, Sie durch juristische Mittel zu zwingen, dass Sie klein beigeben! Mir wäre es sehr lieb, wenn wir uns untereinander oder wenigstens auf der Ebene der Hausgemeinschaft einigen können. Und ich kann mir nicht vorstellen, dass in diesem Haus alle so denken wie Sie. Jedenfalls wenn Sie sich weiter so stur stellen, dann werde ich versuchen, eine Hausversammlung einzuberufen. Weil ich finde, das geht alle an!
Nachbarin: Machen Sie nur! Sie werden schon sehen, wie weit Sie kommen! Die anderen hier denken alle wie wir!
Sie: Gut, das werden wir dann schon sehen! Jedenfalls machen Sie sich, bevor Sie hier weiter argumentieren, klar: Wir wollen zu einer Einigung mit Ihnen kommen. Das bedeutet: Wir wollen Sie nicht dazu zwingen, dass Sie nicht mehr feiern! Wir wollen nur, dass Sie das mit uns abstimmen! Und das werden wir auch in der Hausversammlung vorbringen. Es geht uns nicht darum, dass wir auf Ihre Kosten leben. Aber wir wollen auch nicht, dass Sie das auf unsere Kosten tun!
Nachbarin: Sie wiederholen sich!
Sie: Na gut! Dann lassen wir es für heute und schauen, ob wir das auf der Ebene der Hausgemeinschaft lösen können. Auf Wiedersehen!

(Die Nachbarin geht, ohne sich zu verabschieden.)

Kommentar:
Sie haben damit getan, was Sie auf dieser Ebene tun können, und müssen jetzt auf der Ebene der Hausgemeinschaft
analog vorgehen. Ansonsten ist hier alles – auch das zum
weiteren Eskalationsweg – gesagt.

**Zum 2. Fall: Ihre Nachbarin sagt im ersten Gespräch
zwar zu, dass Sie das nächste Mal eine Feier mit Ihnen
abstimmen wird, tut dies aber nicht. Kurz: Sie ent-
puppt sich als eine Art Lügnerin.**

Kommentar:
Hier ist zu unterscheiden, wie oft Sie Ihre Nachbarin schon
auf ihr Fehlverhalten hingewiesen haben. Beim ersten Mal
könnten Sie folgendermaßen vorgehen:

Sie: Gestern war es ja wieder einmal sehr laut bei Ihnen.
Hatten wir nicht vor kurzem abgemacht, dass wir uns vor
so einem Fall miteinander abstimmen?
Nachbarin: Na ja, wir hatten eigentlich nicht vor, gestern
so laut zu werden. Das hat sich spontan durch die Ausge-
lassenheit der Stimmung ergeben. Entschuldigen Sie! Aber
es war gestern einfach ein so schöner Abend! Da haben
wir an Sie nicht mehr gedacht!
Sie: Ich möchte ja nicht die Spielverderberin sein, aber für
uns war das durch Ihren Lärm kein so schöner Abend. Es
wäre darum wirklich gut, wenn Sie das nächste Mal auf
uns Rücksicht nehmen. Wir haben Ihnen doch angeboten:
Wenn Sie einmal oder zweimal im Jahr ein ausgelassenes
Fest feiern wollen, dann gehen wir für die Nacht zu meinen Schwiegereltern. Aber so etwas wie gestern, da möchte ich Sie sehr bitten, darf nicht mehr passieren! Unsere
Kinder haben dadurch kaum geschlafen und mussten trotz-

dem heute in die Schule gehen. Bei uns Erwachsenen ist es ähnlich.

Nachbarin: Ist gut, und nochmals Entschuldigung!

Kommentar:

Bei einem wiederholten Vorfall ist es in Analogie zum ersten Fall am besten, wenn Sie auch hier darauf hinweisen, dass Sie das auf der Ebene der Hausgemeinschaft lösen wollen, um so zu einer angemessenen Einigung zu kommen. Und wenn das nicht hilft, dann werden Sie es auch hier auf der Ebene des *Gesetzes* versuchen.

4. Familienkonflikt um Erbe

Kurzbeschreibung

Sie sind ein 30 Jahre alter Mann, verheiratet, aber ohne Kinder. Ihre Eltern sind gerade kurz nacheinander gestorben. Sie haben noch einen 3 Jahre älteren Bruder, der auch verheiratet ist und zwei kleine Kinder hat. Die Zeit der ersten Trauer ist vorbei. Da Ihre Eltern kein Testament gemacht haben, gehört Ihnen der ehemalige Besitz Ihrer Eltern nun zu gleichen Teilen mit Ihrem Bruder. Dieser Besitz besteht hauptsächlich aus einem Einfamilienhaus am Rande einer Großstadt, an dem Sie beide, Sie und Ihr Bruder, sehr hängen. Kurz: Jeder möchte das Haus für sich haben und mit seiner Familie dort einziehen. Doch keiner könnte den anderen im Moment auszahlen. Der Bruder drängt daher darauf, dass er dort einzieht und Ihnen dafür Miete zahlt, und zwar mit dem Argument, er habe im Gegensatz zu Ihnen Kinder. Sie möchten aber genauso gern dort einziehen und bieten Ihm Ihrerseits an, Miete zu zahlen. Verkaufen wollen Sie das Haus beide nicht. Aber jeder sieht in der Frage, wer jetzt dort einzieht, eine Vorentscheidung für die zukünftige Inbesitznahme des Hauses.

Kommentar:

In diesem Fall ist natürlich noch viel entscheidender als im vorletzten Beispiel, dem Konflikt mit dem Kollegen, dass Sie Ihren Konfliktpartner kennen, ja sogar sehr gut kennen. Denn er ist Ihr älterer Bruder, und Sie kennen ihn, seit Sie auf der Welt sind! Das bedeutet vor allem: Sie müssen sich klar machen, ob in diesem Erbkonflikt jetzt nicht alte, bisher nie ganz gelöste Konflikte wieder hervorkommen. Mit anderen Worten: Beachten Sie, ob sich hier ein Konfliktschema wiederholt, das seit Ihrer frühesten Kindheit zwischen Ihnen und Ihrem Bruder bestimmend ist. Denken Sie deshalb einmal darüber nach, wie in der Vergangenheit Konflikte zwischen Ihnen beiden abliefen: Können Sie dabei Ähnlichkeiten erkennen? Kommen dabei vielleicht auch Gefühle hoch, dass einer dem anderen vorwirft, von den Eltern früher bevorzugt worden zu sein? Oft wirft dies gerade der Ältere dem Jüngeren – ob berechtigt oder nicht – vor. Spielt das in diesem Konflikt bzw. spielte das in früheren Konflikten vielleicht eine Rolle? War es darum vielleicht schon öfter so, dass Sie beide sich nur stritten, um Recht zu bekommen und um dieses Gefühl, früher benachteiligt worden zu sein, zu tilgen?

Dialog

Sie: Nachdem wir jetzt alles andere, was es zu erledigen gab, erledigt haben, müssen wir uns jetzt klar machen, was mit unserem Elternhaus passiert.
Bruder: Ganz einfach! Ich und meine Familie ziehen ein und zahlen dir anteilsmäßig eine Miete.
Sie: Das wollte ich dir gerade andersherum vorschlagen!
Bruder: Aber du musst doch einsehen, dass ich durch meine Kinder dafür einen größeren Bedarf habe. Ihr beide, du und deine Frau Clara, braucht doch bis jetzt den vielen Platz gar nicht.
Sie: Aber wir wollen auch Kinder, und dann brauchen wir den Platz genauso wie ihr!
Bruder: Da wir aber schon jetzt Kinder haben, haben wir den Platz jetzt schon nötig.
Sie: Irgendwie kommt es mir so vor, als pochst du damit wie immer auf das Vorrecht des Älteren. Denn nur weil du wegen deines Alters schon Kinder hast, ist die Situation so, wie sie ist.

Bruder: Sieh doch einfach einmal die Fakten, und lass das Thema „jüngerer Bruder – älterer Bruder" aus dem Spiel: Denn wenn du damit weitermachen willst, könnte ich dich auch fragen: Wen haben unsere Eltern denn finanziell mehr bei der Ausbildung unterstützt: dich oder mich? Schon allein deswegen steht mir ein größeres Recht zu, dass ich das Haus bekomme!

Sie: Und wer hat von uns länger zu Hause gewohnt und sich von den Eltern länger kostenlos durchfüttern lassen? Du! Auch deine Frau hat ja anfangs, d. h. mindestens ein Jahr, kostenlos mit dir hier gewohnt.

Bruder: Aber wir haben dafür auch im Haus gearbeitet und renoviert.

Kommentar:

So wie sich das Gespräch hier entwickelt, ist es von vornherein verfahren. Es besteht hier kein Kontakt zwischen Ihnen und Ihrem Bruder, geschweige dass einer von Ihnen beiden in Kontakt mit der Situation wäre. Jeder pocht nur auf sein vermeintliches Recht, bzw. es zeichnet sich schon durch die ersten Worte des Bruders, „Ganz einfach", und Ihre Reaktion darauf lediglich ein Frontenkampf ab. Kurz: Man kann davon ausgehen, dass sich hier nur ein Dauerkonflikt an einem bestimmten Thema offenbart. Das Thema spielt dabei gar nicht die primäre Rolle, sondern der Umstand, dass sich jeder von Ihnen beiden schon in der Vergangenheit gegenüber dem anderen benachteiligt fühlte und keiner jetzt nachgeben will. Hier ist es darum sehr wichtig, genau *darüber* zu reden, und zwar nicht, wie es hier geschieht, indem das Thema „jüngerer Bruder – älterer Bruder" von Ihnen beiden für den jetzigen Konfliktpunkt instrumentalisiert wird. Denn insofern hat der Bruder Recht: Sie haben dieses Thema nur ins Spiel gebracht, um es für sich zu nutzen, und das kann er genauso. So kommen Sie beide aber nicht weiter. Darum wäre es sehr gut, wenn einer von Ihnen beiden dieses Thema erst einmal auf einer Metaebene behandelte, nicht um daraus Nutzen für die jetzige Situation zu ziehen, sondern um dadurch Kontakt zum anderen aufzubauen. Dies könnte folgendermaßen aussehen:

Sie: So kommen wir nicht weiter! So spulen wir wirklich nur unseren alten Bruderkonflikt noch einmal ab, in dem jeder meint, früher zu kurz gekommen zu sein. So geht keiner von uns nur ein Stückchen weit auf den anderen zu und ein.

Bruder: Was schlägst du darum vor?

Sie: Wir müssten wirklich einmal unsere Vergangenheit klären! D. h. uns bewusst machen, was uns aneinander stinkt und welche Ursachen das hat. Dann können wir vielleicht auch vernünftig darüber reden, wie es mit unserem Elternhaus weitergehen soll!

Bruder: Das klingt ja alles schön und gut! Aber meinst du wirklich, dass uns das hier und jetzt weiterhilft und einer dann nachgibt?

Sie: Vielleicht ist es gerade das, dass bis jetzt jeder von uns das Gefühl hat, er müsste sich gegen den anderen durchsetzen und erreichen, dass der andere nachgibt! Jeder von uns will hier als Gewinner davongehen. Aber eins müsste uns doch eigentlich beiden klar sein: Wenn es wirklich so ist, dass nach unserem Disput der eine der Gewinner und der andere der Verlierer ist, dann heißt das auch: Danach werden sich unsere Wege trennen. Denn zumindest einer will dann nichts mehr mit dem anderen zu tun haben.

Bruder: Ja, vielleicht hast du Recht! Aber ich kann mir nicht vorstellen, wie wir hier und jetzt die Vergangenheit aufarbeiten sollen.

Sie: Vielleicht habe ich das zu überzogen formuliert. Wenn wir hier nur einen Anfang machen, ist es schon gut!

Bruder: Also mir wäre in jedem Fall ein pragmatischer Vorschlag, der uns jetzt tatsächlich weiterhilft, lieber!

Sie: Nun, was hältst du davon: Wir einigen uns darauf, dass zuerst einer von uns, sagen wir fünf Jahre, hier wohnen kann, und danach der andere für dieselbe Zeit!

Bruder: Hältst du das für realistisch, dass das klappt, dass der, der zuerst einzieht, auch wieder auszieht?

Sie: Wir müssten das vertraglich regeln!

Bruder: Mmh!

Sie: Es kann ja auch sein, dass sich das Problem in fünf Jahren sowieso von selbst löst und einer oder vielleicht sogar wir alle beide mit unseren Familien aus beruflichen oder sonstigen Gründen gar nicht mehr an diesem Haus interessiert sind.

Bruder: Na ja, unwahrscheinlich, aber es könnte sein!

Sie: Darum schlage ich vor, dass du und deine Familie die ersten fünf Jahre hier leben und dass die nächsten fünf Jahre mir und meiner Familie vorbehalten sind. Denn ich sehe ein, dass du mit deiner größeren Familie ein Haus jetzt nötiger gebrauchen kannst als ich.

Bruder: Das klingt vernünftig! Aber wird es dann in zehn Jahren nicht genauso sein, dass wir uns wieder um dieses Erbe streiten?

Sie: Bis dahin hätten wir wenigstens viel Zeit, unsere Vergangenheit wirklich ein bisschen aufzuarbeiten! Denn insgesamt kommen wir wohl nicht darum herum, wenn wir auf lange Sicht auch noch in Kontakt sein wollen.

Bruder: Ich werde mir das einmal überlegen!

Kommentar:

So oder so ähnlich könnte ein erster Schritt sein, dass Sie beide wirklich zueinander in Kontakt kommen. Wichtig dabei ist vor allem, einzusehen, dass Sie in der Vergangenheit nicht in Kontakt waren, sondern irgendwie nebeneinanderher gelebt haben. Denn sonst wäre es gar nicht erst zu diesem Konflikt gekommen. Darum heißt es in diesem Fall wirklich, sich dazu zu bekennen und sich als Anfänger zu *outen*. Das muss natürlich im Endeffekt beiden von Ihnen klar werden, sowohl Ihnen als auch Ihrem Bruder. Darum kann in diesem Stadium in keiner Weise prognostiziert werden, wie sich Ihr Verhältnis zu Ihrem Bruder weiterentwickelt. Sie können auf Ihrer Seite nur versuchen, wirklich die Vergangenheit aufzuarbeiten, und Ihren Bruder darauf hinweisen, dasselbe für sich zu tun, um so mehr und mehr in Kontakt zu kommen. Dass dies ein Prozess ist, dessen Ausgang offen bleibt, versteht sich von selbst.

5. Familienkonflikt zwischen Mutter und minderjährigem Sohn

Kurzbeschreibung

Sie sind eine 40-jährige allein erziehende Mutter und haben einen 14-jährigen Sohn, der gerade in der 9. Klasse Gymnasium ist. Er will nach dieser Klasse die Schule verlassen, um Geld zu verdienen. Er sieht nämlich nicht ein, wozu er in Fächern wie Latein Wissen pauken soll, obwohl er dieses Wissen – seiner Meinung nach – nie anwenden wird. Dazu hat er in einigen Fächern große Probleme und ist die letzten Jahre nur mit Ach und Krach über die Runden gekommen. Darum will er lieber einen praktischen Beruf ergreifen. Schließlich wollen das auch einige seiner Freunde tun. Vor allem weil sie dann eigenes Geld verdienen und der Auffassung sind, ihr Leben dadurch besser gestalten zu können. Sie sind gegen diesen Entschluss Ihres Sohnes, und zwar weil Sie erstens der Meinung sind, Abitur ist die beste Voraussetzung für ein späteres Berufsleben, und zweitens, weil Sie stolz wären, wenn Ihr Sohn Abitur hätte.

Dialog

Sohn: Ich mag nicht mehr! Nach diesem Schuljahr ist Schluss für mich!

Sie: Aber ist dir überhaupt klar, dass du dann gar keinen Abschluss hast, nicht einmal einen qualifizierenden Hauptschulabschluss? Denn dazu müsstest du am Ende des Schuljahres die Prüfungen an der Hauptschule machen und dazu hast du – wie ich dich kenne – bestimmt auch keine Lust mehr.

Sohn: Natürlich nicht! Ich will mit diesem ganzen Kram nichts mehr zu tun haben und endlich mein eigenes Geld verdienen!

Sie: Aber was willst du denn dann überhaupt arbeiten?

Sohn: Ich will eine Lehre als Schreiner machen.

Sie: Bist du sicher, dass das ohne Abschluss, also sogar ohne einen Hauptschulabschluss, überhaupt möglich ist?

Sohn: Bei Burger ist das schon möglich.

Sie: Hast du dich darüber schon informiert?

Sohn: Mein Freund Joe fängt ab September bei Burger an und hat beim dortigen Meister für mich schon einmal vorgefühlt.

Sie: Aber Joe macht doch heuer seinen Abschluss an der Hauptschule. Und du hast – wie gesagt –, wenn du nach diesem Schuljahr Schluss machst, überhaupt keinen Abschluss. Hat er darum wirklich auch für deinen speziellen Fall nachgefragt?

Sohn: Na ja, er hat nachgefragt, aber das mit dem Abschluss weiß ich nicht genau.

Sie: Du müsstest das also erst einmal genauer in Erfahrung bringen. Aber wie dem auch sei, weißt du überhaupt, was du mit diesem Schritt machst? Du brauchst zwar dann nicht mehr ins Gymnasium zu gehen, aber du hast dann definitiv weniger Zeit für dich und deine Hobbys.

Kommentar:

Damit hätten Sie einen einigermaßen guten Einstieg geschafft, weil Sie nicht Ihre eigenen Vorstellungen von
Ihrem Sohn (z. B. den Willen, Stolz auf ihn zu sein) ein-
bringen. Vielmehr zeigen Sie ihm, dass sein geplanter
Weg bisher nur auf abstrakten Vorstellungen beruht und
nicht auf realistischen Wahrnehmungen, ob und wie dieser
Weg überhaupt möglich ist. Was von Ihrer Seite nun gut
wäre: Prüfen Sie, wie Sie selbst ihm das Leben in der
Schule oder – wenn es dort wirklich nicht mehr weitergeht
– woanders leichter machen können! Vielleicht liegt es ja
auch an Ihnen, dass Ihr Sohn die Schule nicht mehr weiter
besuchen will. Vielleicht übertragen Sie auf ihn zu viel
Druck. Der weitere Verlauf des Dialogs soll dies veran-
schaulichen.

Sohn: Aber ich habe dann endlich mein eigenes Geld und
brauche mich nicht mehr mit diesen blöden Fächern und
diesen blöden Lehrern herumschlagen!
Sie: Das mit dem Geld kann ich schon verstehen. Es ist
nicht dasselbe, Taschengeld zu bekommen oder eigenes
Geld zu verdienen. Vor allem hättest du natürlich *mehr*
Geld zur Verfügung. Auch dass dich einige Fächer und
Lehrer ankotzen, habe ich die letzten Jahre mitbekommen.
Aber glaubst du wirklich, dass das bei Burger plötzlich
alles anders wird? Da hättest du zwar keine Lehrer mehr,
aber einen Meister und Gesellen, die über dir stehen. Dazu
müsstest du – wenn auch nur einmal pro Woche – in die
Berufsschule, wo das mit dem verhassten Schulkram weitergeht. Und dann! Ist dir überhaupt klar, wie viel Zeit du
bei einer Lehre noch für deine Hobbys wie Basketballspie-
len hast? Du hast ...
Sohn: Mutti, das kann schon sein. Aber ich muss in jedem
Fall nicht mehr Latein, Mathe und Physik lernen und muss
mich nicht mehr von diesen Scheißlehrern Rogner und

Peiß blöd anmachen lassen, wenn ich wieder eine Arbeit verhaue.

Sie: Gut, aber heißt das nicht mit anderen Worten: Es sind vor allem deine schlechten Erfahrungen mit der Schule, die dich dazu bringen, damit Schluss machen zu wollen, und nicht eine bessere Alternative, die du konkret hast? Denn weder weißt du, ob du tatsächlich bei Burger genommen wirst, noch ob das wirklich besser wird. Du willst nur weg von dieser blöden Schule!

Sohn: Kann schon sein! Aber in jedem Fall muss ich bei Burger nicht dauernd Angst davor haben, durchzufallen und eine Klasse zu wiederholen.

Sie: Aber wäre das so schlimm? Meinst du, dass ich dafür überhaupt kein Verständnis aufbringe?

Sohn: Das sagst gerade du, die du immer betonst, wie glatt das bei dir in der Schule gelaufen ist! Von dir habe ich bis jetzt doch eher eine reingedrückt bekommen, wenn ich mit einer schlechten Note nach Hause gekommen bin! Verständnis hast du doch dabei noch nie gezeigt!

Sie: Meinst du das wirklich?

Sohn: Natürlich! Was war denn letztes Jahr, als ich so auf der Kippe stand? Das hast du doch vor deinem Bruder, Onkel Heinz, schlichtweg verheimlicht!

Sie: So war das doch auch nicht!

Kommentar:
Der Dialog zeigt, dass dabei nicht nur der Druck von Ihrer Seite, sondern auch Dinge zum Vorschein kommen können, die Sie vielleicht nicht unbedingt hören wollen und bisher immer verdrängt haben. Aber gerade so etwas müssen Sie zulassen, um Kontakt zu ihrem Sohn zu bekommen und mit ihm offen sprechen zu können. Schauen wir uns das Gespräch daraufhin weiter an!

Sohn: Wie dann?

Sie: Ja, ... Onkel Heinz ist vielleicht nicht gerade ein zart-fühlender Mensch. Ich wollte dich davor schützen, dass er bei dir in eine offene Wunde bohrt.

Sohn: So, so! Und wie steht es dabei mit deiner offenen Wunde? Ist es vielleicht nicht einfach so, dass *du* vor allem willst, dass ich dieses blöde Gymnasium besuche, weil ich so dem Bild entspreche, das du dir von mir machst? Und dass, wenn gerade so einer wie Onkel Heinz daran rüttelt, du besonders empfindlich bist, weil du gerade vor solchen Leuten dieses Bild aufbauen willst!

Sie: Wie kommst du denn darauf?

Sohn: Weil es einfach stimmt!

Sie: Das sind doch nicht deine eigenen Gedanken! Das hast ...

Sohn: Mutti, das ist doch egal, wenn es nur stimmt!

Sie: Wer hat dir denn das gesagt?

Sohn: Ach, ich habe mit meinem Cousin Karl darüber gesprochen, was man sich darunter vorstellen soll, dass wir uns kein Bild voneinander machen sollen. Weil wir doch in Deutsch gerade „Andorra" von Frisch durchneh-men. Ich habe diese Story in diesem Theaterstück eigent-lich ganz spannend gefunden, aber konnte das mit meinem eigenen Leben nicht in Verbindung bringen! Denn Juden gibt es doch in unserer Gegend nicht!

Sie: Und da hat Heinz´ braver Sohn Karl dir mich als Bei-spiel gegeben: Wie ich von dir ein Bild als Schüler im Gymnasium habe, dass du erfüllen musst!

Sohn: Ja, so ungefähr! Es hat mir jedenfalls eingeleuchtet. Vor allem hat es mir gezeigt, dass ich überhaupt nicht in diese blöde Schule gehen will, sondern dass das mehr dein Wille ist. Ich werde da überhaupt nicht gefragt. Du be-stimmst da einfach über meinen Kopf hinweg, und ich muss etwas tun, wo mir nur immer gezeigt wird, was für ein *loser* ich doch bin!

Sie: Aber ich will doch nur ...

Sohn: Jetzt sag ja nicht „dein Bestes"! Das hat nämlich Karl auch gemeint, dass das die Standardbegründung der Eltern ist, damit wir das tun, was ihr wollt! Und sag mal ehrlich, Mutti: Meinst du, es ist wirklich „mein Bestes", wenn ich mich als *loser* fühle?

Kommentar:
Obwohl Sie bestimmt nicht wollten, dass das Gespräch so eine Wendung nimmt, haben Sie jetzt wirklich Kontakt zu Ihrem Sohn. Das hat vor allem damit zu tun, dass Sie Ihre bisherige Rolle als Mutter nicht mehr aufrechterhalten können, weil Ihr Sohn tatsächlich ein paar wunde Punkte bei Ihnen angesprochen hat! Dadurch aber haben Sie jetzt einmal die Chance, nicht als allwissende Mutter zu Ihrem Sohn zu sprechen, sondern wie ein normaler Mensch zu einem anderen. Das Abhängigkeitsverhältnis, das normalerweise eine große Rolle in der Beziehung Mutter–Sohn spielt, ist somit für einen Moment außer Kraft gesetzt. Denn wenn Sie jetzt ehrlich sind, müssen Sie eigene Schwächen zugeben und Ihrem Sohn einmal bewusst Einblick in Ihr Inneres geben! Sie können natürlich auch anders und die Situation überspielen! Aber das wäre nicht nur unehrlich, sondern Sie hätten damit auch eine große Gelegenheit verspielt, Ihrem Sohn tatsächlich einmal nahe zu sein.

Sie: Nein, natürlich nicht! Aber meinst du, dieses Gefühl ist plötzlich vorbei, wenn du nicht mehr ins Gymnasium gehst, sondern bei Burger arbeitest?
Sohn: Warum nicht?
Sie: Weil du bis jetzt weder weißt, ob du da genommen wirst, noch, ob das das Richtige für dich ist. Das ist doch bis jetzt auch nur ein Bild von dir. Und wenn du zugegebenermaßen bis jetzt von mir dahingehend beeinflusst wurdest, dass du ins Gymnasium gehst, ist es doch jetzt

lediglich so, dass du nun von Joe beeinflusst wirst, bei Burger eine Schreinerlehre anzufangen. Denn ich wüsste nicht, dass du noch vor einem Monat daran überhaupt gedacht hast. Außerdem, was viel wichtiger ist: Was zeigen dir denn deine bisherigen Erfahrungen bei handwerklichen Arbeiten mit Holz? Deutet da irgendetwas darauf hin, dass du das gern machst, weil du dafür Talent hast?

Sohn: Na ja ...

Sie: Jetzt sei einmal ehrlich! Denn es wäre gar nicht gut, wenn du nach Beginn der Lehre plötzlich merkst, dass du dich dabei auch wieder nur als *loser* fühlst.

Sohn: Ich weiß es nicht. Aber lass es mich doch einmal ausprobieren!

Sie: Genau! Wie wäre es darum, wenn du die nächsten Ferien dazu benutzt, in einer Schreinerei ein Praktikum zu machen?

Sohn: Aber die nächsten Ferien wollte ich doch zum Schüleraustausch nach England.

Sie: Dann eben in den übernächsten Ferien, wenn du Zeit hast.

Sohn: Aber das sind ja schon die nächsten großen Ferien. Dann ist es doch zu spät! Da müsste ich mich doch längst entschieden haben.

Sie: Darum schlage ich vor: Häng noch ein Jahr in der Schule dran und versuche in dieser Zeit, dir wirklich klar zu werden, was du machen kannst, damit du dich nicht mehr als *loser* fühlst. Auch denke ich, brauchst du diese Zeit, um den Schritt zu ermöglichen, weg von der Schule zu gehen. D. h. du musst einen Abschluss machen. Denn meiner Meinung nach brauchst du für eine Schreinerlehre zumindest einen Hauptschulabschluss. Zusätzlich musst du aber vor allem das Gefühl bekommen, dass du für den Beruf, den du dann ergreifen willst, tatsächlich geeignet bist. Darum wäre es gut, ein oder mehrere Praktika zu machen. Im Übrigen sollte dir klar sein, dass du mir gerade mit deinen Erklärungen zu „ein Bild von anderen Menschen machen" bewiesen hast, dass du durchaus in der Schule für dein tägliches Leben etwas gelernt hast. Selbst wenn daran Karl mitbeteiligt war. Es ist also nicht alles unnütz, was du in der Schule lernst. Sogar Latein kannst du im Alltag insofern anwenden, als du dabei viel über Grammatik lernst und dadurch ein besseres Gefühl für deine eigene Sprache bekommst. Aber ich will jetzt nicht in eine Sonntagsrede verfallen und nur noch sagen: Du hast mir mit dem jetzigen Gespräch vor allem gezeigt, dass ich in dieser Angelegenheit nicht gerade schuldlos bin, und zwar insofern, weil du dich als *loser* fühlst. Darüber müssen wir noch weiterreden!

Sohn: Mutti, das ist ja alles schön und gut, ich will aber nicht noch ein Jahr in diese verdammte Schule gehen, sondern endlich mein eigenes Geld verdienen!

Sie: Aber merkst du nicht, dass das jetzt noch nicht geht? Dass du dafür noch ein Jahr reifer werden musst?

Sohn: Aber Joe ist doch genauso alt wie ich und macht das doch auch!

Sie: Joe hat doch von vornherein einen anderen Weg eingeschlagen! Außerdem weißt du nicht, ob der für sich das Richtige macht!

Kommentar:

Sie merken vielleicht wiederum wie im letzten Kapitel, dass Sie dieses Thema nicht zu einem endgültigen Abschluss bringen können. Es ist bei weitem nicht so, dass das Mutter-Sohn-Verhältnis plötzlich für alle Zeit *aufgebrochen* und die Abhängigkeit nicht mehr vorhanden wäre. Ihr Sohn ist – wie dieser Dialog zeigt – vor allem nicht mit dem Ende dieser Diskussion zufrieden. Aber vielleicht wird er mit der Zeit Ihren Vorschlag akzeptieren, wenn Sie fortfahren, einen Kontakt wie hier zu ermöglichen. In jedem Fall zeigt es sich wie beim Bruderkonflikt, dass es notwendig ist, sich nicht zu sicher in seiner Position zu fühlen. Vielmehr ist es immer wieder wichtig, auf sein Anfängerdasein aufmerksam gemacht zu werden. Dabei haben Sie und Ihr Sohn natürlich unterschiedliche Gründe, das gerade nicht zu bemerken: Ihr Sohn, weil er schnellstens unabhängig und erwachsen sein will, und Sie, weil Sie Ihr Erwachsensein gegenüber ihm demonstrieren wollen. Aber Ihnen beiden tut es im Endeffekt gut, wenn Sie auf Ihr Anfängerdasein gestoßen werden. So lernen Sie (immer wieder), wer Sie überhaupt sind und welche Bilder und Vorstellungen von sich und anderen es abzubauen gilt.

6. Partnerkonflikt

Kurzbeschreibung

Sie sind ein 35 Jahre alter Mann und leben mit einer gleichaltrigen Partnerin zusammen. Ihre Partnerin kann einerseits abrupt Nähe erzeugen, z. B. indem sie Sie beim Reden spontan berührt oder indem sie Dinge ungeniert beim Namen nennt. Sie kann aber andererseits ebenso abrupt Grenzen ziehen, sodass Sie sich plötzlich wieder von ihr ausgeschlossen finden. Sie werden so von dieser Frau ein- und ausgeschlossen, lassen sich also die Grenzen der Beziehung aufdrängen. Aber nicht nur das: Sie lassen sich von dieser Frau auch darin bestärken, dass Sie die Schuld für ihre Grenzziehungen tragen. D. h. Sie haben den Eindruck: Es ist Ihr eigenes Verhalten, das Ihre Partnerin dazu veranlasst, die Grenzen so zu ziehen.

Es muss nicht so sein, dass das Ihre Partnerin aus Bösartigkeit macht. Sie kann durchaus ihre Gründe vorweisen, die sie sehr genau in Ihrem Verhalten angeben kann. Trotzdem können Sie vielleicht auch feststellen, dass Ihre Partnerin nicht nur Sie, sondern auch andere so behandelt. Es ist also eine Art Wesenszug ihrer Identität, mit Leuten so umzugehen.

Kommentar:
Hier ist es, um einen offenen Zustand zu erreichen, besonders wichtig, sich in Ihr Gegenüber, also Ihre Partnerin, hineinzuversetzen. Das gehört allerdings zu einem der schwierigsten Unterfangen überhaupt. Denn Sie dürfen nie vergessen, dass der oder die Andere immer der oder die Andere bleibt. Das bedeutet: Jedes Hineinversetzen bleibt immer nur eine Annäherung. Trotzdem ist entscheidend, dass Sie weder von sich ausgehen – nach dem Motto: Wie

würde ich mich in der Situation meiner Partnerin verhalten – noch dass Sie versuchen, objektiv zu bleiben. Sie müssen sich stattdessen sowohl auf Ihre bisherigen Beobachtungen stützen als auch sich in die Situation der Partnerin versetzen. So können Sie Ihren Partnerkonflikt tatsächlich einmal von der anderen Seite wahrnehmen. Dabei kann gar nicht genug betont werden: Sie müssen Ihr Ego dabei tatsächlich *beiseite stellen*. Sie dürfen den Partnerkonflikt in keiner Weise nur von Ihrer Seite aus betrachten. Sie sollten darum nie in der Weise fragen: Warum tat mir meine Partnerin das nur an? Damit kommen Sie nie aus Ihrer eingeschränkten Sicht heraus. Es wäre darum gut, wenn Sie sich in Ihre Partnerin zuerst einmal bei alltäglichen Situationen hineinversetzen: z. B. wie sie aufwacht, wie sie sich ankleidet oder wie sie geht. Können Sie das einigermaßen, dann versetzen Sie sich konkret auf Ihren Konflikt bezogen in die Partnerin.

Harold Brodkey gibt in „Eine nahezu klassische Story"[32] eine wunderbare Anschauung dafür, auch wenn es sich hier nicht um eine Partnerbeziehung handelt, sondern darum, wie sich ein dreizehnjähriger Junge in seine krebskranke Mutter hineinversetzt. Er beschreibt dabei vor allem das Lernen dieser Fähigkeit und die positiven Auswirkungen für den Konflikt der beiden. Dabei idealisiert er nie und verschweigt ebenso nie die Strategien, die im Einzelfall dahinter stecken können. Auch leugnet er die Grenzen nicht. Kurz: Es bleibt für Brodkey noch immer ein Geheimnis, warum sich die Mutter so und so verhält. Außerdem ist es laut Brodkey nicht so, dass Leute mit der Fähigkeit, sich in andere Menschen hineinzuversetzen, automatisch gute Menschen seien oder dies immer in guter Absicht machten. Allerdings schafft diese Fähigkeit eine Nähe, die die Qualität des Zusammenseins radikal ändert. Darum sollten wir uns in unserem Leben um die Ausbildung dieser Fähigkeit wirklich bemühen.

Dialog

(Sie kommen gerade abends vom Büro in Ihre gemeinsame Wohnung. Ihre Partnerin begrüßt Sie an der Wohnungstür herzlich mit einer Umarmung, was Sie positiv überrascht. Denn Sie haben sich beide gestern Abend gestritten und am heutigen Morgen noch kaum ein Wort miteinander gewechselt.)

Sie: Hi!
Partnerin: Hi!
Sie: Schön, dass du mich so begrüßt.
Partnerin: Ich bin eben nicht ein so nachtragender Mensch wie du.

(Sie gehen beide in die Küche, wo schon der Tisch für das Abendessen gedeckt ist, und setzen sich. Der folgende Dialog entspinnt sich während des Essens.)

Sie: Willst du über gestern noch reden?
Partnerin: Willst *du* das denn?
Sie: Wenn *du* willst, ja!
Partnerin: Mensch, du machst mich wahnsinnig! Immer das Gleiche! Sag doch einmal direkt, was du willst! Sag einfach: „Ich will mit dir über unseren gestrigen Streit reden!" Ist das so schwer? Stattdessen sicherst du dich immer ab und versuchst mich so hinzukriegen, dass ich in deinem Sinne handle. Das kotzt mich an!
Sie: Aber Liebes, ich wollte mich doch nur langsam an unseren Konflikt herantasten.
Partnerin: Merkst du denn überhaupt nicht, dass *du* dadurch nie richtig zu dir selber stehst, sondern versuchst, mich zu manipulieren? Das war es ja auch, was ich dir gestern zu sagen versuchte: *Du* willst nach Spanien in Urlaub fahren, drehst es aber so hin, als ob *ich* da unbe-

dingt hin müsste und du nur meinetwegen mitfahren würdest.

Kommentar:
Sie merken: Nach der herzlichen Begrüßung ist Ihre Partnerin sofort in die Offensive gegangen. Sie hat Sie wegen
Ihres tastenden Verhaltens angegriffen, und zwar, wie es
scheint, zu Recht. Denn Sie scheinen bis jetzt wirklich
nicht zu sich selbst zu stehen. Ob es stimmt, dass Sie sie
aber damit manipulieren wollen, ist noch offen. Darum
sollten Sie jetzt unbedingt versuchen, Ihr Verhalten zu
klären!

Sie: Aber das stimmt doch nicht! Du weißt genau, dass ich
mindestens genauso gern nach Kanada mit dir fliege wie
nach Santiago de Compostela.
Partnerin: Ach, jetzt plötzlich!
Sie: Ich habe nur geglaubt, uns beiden würde die Wallfahrt
nach Santiago gut tun. Denn da hätten wir Zeit und Muße,
uns wirklich wieder einmal auf uns selbst zu besinnen. Da
wäre es nicht so wie bei unserem letzten Urlaub in Ägyp-
ten, dass wir uns nur ablenken und ein Unterhaltungspro-
gramm machen würden. Vielmehr könnten wir uns vielleicht wieder näher kommen. Denn in letzter Zeit ist jeder
von uns so mit sich selbst beschäftigt gewesen, dass wir
uns immer mehr voneinander entfernt haben. Da ist es kein
Wunder, dass – wenn wir dann einmal miteinander reden –
so etwas wie gestern herauskommt und wir uns nur ständig
missverstehen. Natürlich kann es sein, dass wir beim
Bergsteigen in den Rocky Mountains genauso viel Zeit
haben, uns wieder näher zu kommen. Dazu müsstest du
wirklich wissen, wie lange ich schon davon träume, endlich dorthin zu fahren. Schließlich bin ich es, der in den
letzten drei Jahren bei unserer Urlaubsplanung immer dieses Ziel vorgeschlagen hat. Nur weiß ich nicht, ob die

Touren, die wir da machen wollen, nicht so anstrengend sind, dass dann jeder nur wieder mit sich selbst beschäftigt ist.

Kommentar:
Jetzt haben Sie zumindest einmal geklärt, worum es Ihnen in diesem Konflikt konkret geht! Kurz: Sie haben Stellung bezogen. Allerdings könnte es sein, dass Ihr Partnerkonflikt viel tiefer geht, sodass es doch sehr nötig ist, sich in Ihre Partnerin hineinzuversetzen und Ihr diese Möglichkeit umgekehrt durch Ihre Offenheit ebenso zu geben. Das geht natürlich nicht auf Knopfdruck, sondern entwickelt sich – wenn überhaupt – langsam mit dem Gespräch. Dabei können für beide Seiten oft überraschende Offenbarungen zu Tage treten. Im Übrigen dürfte es unwahrscheinlich sein, dass Sie beide diesen Konflikt in einer nüchternen Sprache austragen. Es ist auch nicht anzuraten, das überhaupt zu versuchen! Denn hier wäre der Versuch, nüchtern zu bleiben, gleichbedeutend damit, eine Grenze zu ziehen. Nein, eine emotionale Sprache und insgesamt emotionale Reaktionen sind sehr wichtig. Nur dürfen diese Reaktionen nicht über einen gewissen Grad hinausgehen, damit sie in keinem Fall beleidigend sind. Die folgende längere, nicht durch Kommentare unterbrochene Passage soll dies verdeutlichen.

Partnerin: Wenn man dich so reden hört, müsste man glauben, du wärest der Idealpartner, dem es nur darum geht, dass man sich nahe steht. Aber ich kenne dich anders! Wie ist es denn erst so weit gekommen, dass wir uns wieder näher kommen müssen? Warum haben wir uns denn auseinander gelebt? Warum, verdammt noch mal, sollen wir vor allem einen Urlaub dafür verwenden, dass wir uns wieder näher kommen? Haben wir in unserem Alltag nicht die Gelegenheit dazu? Das ist nämlich der springende

Punkt: Du bist mit deinem Job und deinen Freizeitaktivitäten so beschäftigt, dass du in deinem Alltag weder die Energie noch das Bedürfnis hast, mir nahe zu sein.

Sie: Das ist eine Unterstellung! Was mache ich denn im Moment gerade? Ist das nicht der Versuch, dir im Alltag nahe zu sein?

Partnerin: Nur scheinbar! Du verschiebst das Näherkommen doch gerade wieder auf den Urlaub! Davon redest du doch die ganze Zeit. Dazu – und das finde ich wirklich eine Gemeinheit – wiederholst du genau das, was ich dir schon mindestens ein Jahr lang sage: „Wir müssen uns wieder auf uns besinnen!", und tust so, als wäre das auf deinem Mist gewachsen. Als wärst du allein der, dem es von uns beiden wirklich um unsere Beziehung ginge! Das ist Heuchelei! Hätte ich dir das nicht schon so lange vorgesagt, würde es dich einen Teufel scheren! Aber jetzt ist deine Strategie plötzlich, die Rollen zu tauschen. Dabei gibst du nicht nur etwas als deines aus, was du von mir hast, sondern du gibst es sogar mir gegenüber so aus! Du versuchst also nicht nur unsere Rollen zu tauschen, sondern du tust auch so, als wäre das schon immer so gewesen!

Sie: Aber Liebes, ich will doch nur versuchen, auf dich einzugehen, so wie du dir das immer wünschst.

Partnerin: Dann mach es doch endlich!

Sie: Du machst es einem aber auch wirklich schwer. Warum meinst du denn, habe ich mich so in meinem Job und meinen Freizeitaktivitäten engagiert?

Partnerin: Weil ich dir nicht mehr so wichtig bin!

Sie: Ganz im Gegenteil! Du bist mir zu wichtig geworden, und ich musste mich wieder irgendwo selbst finden. Ich hatte überhaupt keine Distanz mehr zu dir und genauso wenig zu mir. Wenn du mich in irgendetwas kritisiert hast, tat ich mir immer schwerer, eine eigene Meinung zu bilden. Ja, mehr und mehr hatte ich sogar das Gefühl: Ich habe überhaupt nichts Eigenes mehr! Alles bist nur noch du! Darum ist es auch Hohn für mich, dass du mir gerade vorgeworfen hast: Ich wiederhole nur, was du mir schon seit langem gesagt hast! Denn ist das nicht der Normalfall in unseren Auseinandersetzungen bis jetzt gewesen? Bisher hast du dich nur nie darüber beschwert, weil es dir in den Kram gepasst hat!

Partnerin: Du tust gerade so, als würdest du immer nachgeben! So kenne ich dich aber nicht!

Sie: Ich habe vielleicht immer wieder einmal Widerstand geleistet, um wenigstens manchmal vor mir selbst noch sagen zu können, dass ich eine eigene Meinung habe. Aber im Endeffekt habe ich dir stets nachgegeben und sogar deine Meinung übernommen. Denn ich habe es nicht ausgehalten, wenn du mir deine Nähe länger entzogen hast. Und so hast du mich dann immer bestraft, wenn ich nicht so wollte wie du!

Partnerin: Was?

Sie: Ist es nicht so, dass du sofort jeden Körperkontakt abbrichst, wenn dir bei mir etwas gegen den Strich geht? Bei dir hat das Wort „Streicheleinheiten" wirklich noch einen konkreten Sinn. Du belohnst einen damit und bestrafst einen durch ihren Entzug!

Partnerin: Du tust so, als würde ich Sex dazu benutzen, dich gefügig zu machen. Als wäre ich eine besonders abgefeimte Nutte. Das ist ...

Sie: Du missverstehst mich! Ich meine nicht Sex! Ich meine wirklich, dass du mir z. B. schlagartig deine Hand entziehst, mit der du mich vorher noch gestreichelt hast, wenn dir an mir plötzlich etwas nicht mehr passt. Und du kannst da sehr plötzlich sein! Das hat mich schon von Anfang an irritiert, wie schnell das bei dir geht, dass du dich mir entziehst!

Partnerin: Ich bin eben ehrlich und hasse es, dir dann etwas vorzuspielen, wenn ich nicht so fühle.

Sie: Das bezweifle ich gar nicht. Aber es ist auch so, dass du das als eine Waffe einsetzt. Es ist beides in deinem Verhalten vorhanden!

Partnerin: Glaubst du das wirklich?

Sie: Ja! Zumindest kommt es bei mir so an!

Partnerin: Aber ich mache das doch nicht bewusst!

Sie: Das glaube ich dir und habe es im Übrigen auch immer geglaubt. Nur das macht es gerade um so eindringlicher und vor allem plötzlicher. Aber in jedem Fall gibt es dir Macht!

Partnerin: Was? Mir geht es doch nicht um Macht!

Sie: Bewusst nicht! Das ist mir schon klar! Aber dein Verhalten ist trotzdem darauf ausgerichtet. Zumindest erfahre ich es so und reagiere auch darauf.

Partnerin: Ist das wirklich so?

Sie: Ja! Und es ist gut, dass ich dir das endlich einmal sagen konnte!

Kommentar:

Sie sehen, in diesem Fall konnten Sie mit Ihren genauen Beobachtungen, die Sie Ihrer Partnerin mitgeteilt haben, erreichen, dass sie in sich geht und ihr anfängliches Blockieren aufgibt. Sie haben es dadurch tatsächlich geschafft, in Kontakt mit ihr zu kommen. Es wird natürlich nicht immer so sein, dass Ihr Partnerkonflikt allein deswegen eine solche Wendung nimmt, weil Sie Ihrer Partnerin durch Hineinversetzen in sie genaue Beobachtungen über ihr Verhalten mitteilen konnten. Auch hier gilt: Sie müssen das zum richtigen Zeitpunkt und am richtigen Ort tun, und dazu noch in der richtigen Sprache. Darüber hinaus muss Ihre Partnerin auch dazu bereit sein.

Letzteres zeigt vor allem an, ob eine Beziehung überhaupt noch so weit intakt ist, dass Konflikte wirklich ausgetragen werden können. Wenn es nämlich einmal so weit ist, dass Ihre Partnerin oder Sie gar nicht mehr dazu bereit sind, dem anderen wirklich zuzuhören, geht es tatsächlich nur noch um Macht in einer Beziehung. Sie kommen dann vor allem nicht mehr zu einem „Wir", bei dem in der Auseinandersetzung mit dem jeweiligen Partner immer wieder mehr als die bloße Addition Ihrer beiden Persönlichkeiten entsteht. Stattdessen sind Sie dann beide nur noch zwei Einzelpersonen, die eine Interessengemeinschaft bilden. Diese Differenz wahrzunehmen ist sehr wichtig. Natürlich heißt das nicht, dass bei einer Beziehung, bei der das „Wir" immer wieder eintritt, alles glatt und harmonisch läuft. Aber es kommt in diesem Fall deutlich zum Vorschein, ob zwischen Ihnen überhaupt noch Kontakt möglich ist. Und Kontakt heißt hier, dass Sie beide nicht nur nebeneinanderher leben und sich wegen der berühmten „äußeren Umstände" nicht trennen, sondern dass Sie beide sich wirklich auseinander setzen.

7. Gruppenkonflikt im Urlaub

Sie haben jetzt in den vorangegangenen Kapiteln (einschließlich der Einleitung) erkennen können, wie Menschen in sieben verschiedenen Gesprächssituationen offen „Nein" sagen, indem sie vor allem in Kontakt mit ihrem Gegenüber kommen. Dabei wurde aber in einem Punkt vereinfacht. So wurde in den Beispielen zwar zweimal betont, wie wichtig die Gruppenperspektive bei Konflikten ist, sodass Konflikte nur auf Gruppenebene gelöst werden können.[33] Trotzdem wurden bis auf eine kleine Ausnahme – beim Konflikt mit einem Kollegen im zweiten Kapitel – immer nur Zwiegespräche geschildert und Konflikte in größeren Gruppen vernachlässigt. Allerdings ist es so, dass vieles, was für eine Zweiergruppe gilt, auch für eine größere Gruppe Geltung beanspruchen kann. Auch hier ist es wichtig, sich in Situationen nicht zu sehr hineinziehen zu lassen und weder sich noch anderen Grenzen aufzuzwingen. Darüber hinaus sollte man sich ebenso weder mit anderen vergleichen noch Wettbewerbe gewinnen wollen. Vielmehr ist auch hier der Kontakt das Entscheidende.

Wem das zu abstrakt ist, für den gibt es hier noch ein letztes Beispiel, in dem diese Punkte für Konflikte mit mehreren Personen in einer größeren Gruppe veranschaulicht werden.

Kurzbeschreibung

Sie sind männlich, 30 Jahre alt und zusammen mit Ihrer gleichaltrigen Partnerin innerhalb einer Reisegruppe von 15 Personen in den kanadischen Rocky Mountains unterwegs. Die Tour ist so angelegt, dass die gesamte Gruppe an einem Punkt mit Jeeps abgesetzt und drei Wochen später an einem anderen Punkt von Jeeps wieder abgeholt wird. Ein Abbrechen der Tour ist sehr schwer möglich. Denn erstens passieren Sie während der drei Wochen nur sehr unwegsames Gelände, das man nur mit einem geeigneten Führer überqueren kann. Zweitens treffen Sie auf keine Siedlungen. Sie können also allein weder an den Ausgangspunkt zurück noch bei irgendeiner Siedlung Halt machen, sondern höchstens mit einem Hubschrauber, der per Funk angefordert werden müsste, zurück in die „Zivilisation" gebracht werden. Sie beide kennen vorab keinen der anderen Teilnehmer. Sie sind auch die einzigen Deutschen. Ansonsten sind vier US-Amerikaner (jeweils zwei Paare), drei Kanadier (drei einzeln reisende Männer), drei Franzosen (ein Paar und ein einzeln reisender Mann), zwei Italiener (ein Paar) und der kanadische Führer dabei. Die gemeinsame Sprache für alle ist Englisch. Der einzeln reisende Franzose mit Namen Claude interessiert sich sehr für Ihre Partnerin. Sie müssen außerdem leider merken, dass Sie sich überschätzt haben und die Tour für Sie zu schwer ist. Nur mit größter Mühe erreichen Sie die Tagesziele. Die anderen einschließlich Ihrer Partnerin haben dagegen keine allzu großen Probleme. Es kommt darum in der ersten Woche der Tour ein paar Mal vor, dass Sie weiter zurückfallen und die anderen immer wieder bis zu einer Stunde und mehr an Rastplätzen auf Sie warten müssen. Vor allem Claude nimmt das zum Anlass, vor den anderen, vor allem aber vor Ihrer Partnerin, schlecht über Sie zu reden. Ihre Partnerin ist dadurch verwirrt, schämt sich Ihretwegen und nimmt nicht explizit Partei für Sie, sondern stellt sich sogar einmal direkt auf die Seite der anderen. Einzig der Führer nimmt Sie in Schutz. Das Ergebnis nach der ersten Woche ist: Bis auf den Führer und, mit den erwähnten Einschränkungen, Ihre Partnerin halten alle anderen mehr und mehr einen spürbaren Abstand zu Ihnen. Sie haben sozusagen die Rolle des Außenseiters in der Gruppe übernommen. Da Ihnen die Tour außerdem an die Grenze Ihrer Kräfte geht, sind Sie so sowohl psychisch als auch physisch in großer Anspannung und finden am Abend eines normalen Reisetages nicht mehr die Kraft, Ihr Dilemma anzusprechen. Jedoch ist nach der ersten Woche ein Ruhetag eingeplant. Sie haben hier die Zeit, zuerst einmal mit Ihrer Partnerin, aber dann auch mit den anderen über Ihre Lage zu reden.

Kommentar:

Es wäre gut, wenn Sie diese Gespräche auch in der genannten Reihenfolge führen. Denn obwohl Ihr Konflikt die gesamte Gruppe betrifft, ist es sehr wichtig, zuerst einmal mit Ihrer Partnerin in Kontakt zu kommen, um die Differenzen mit Ihr zu klären. So können Sie auf dieser Ebene das Basisvertrauen für den restlichen Konflikt gewinnen. Dabei sollten Sie unbedingt beachten, dass Sie Ihrer Partnerin nichts vormachen dürfen. Vielmehr müssen Sie offen zugeben, wie Ihre Lage ist: Sie haben sich überschätzt, die Tour ist zu schwer für Sie. Hier dürfen Sie nichts überspielen.

Dialog mit der Partnerin

(Sie haben gerade gemeinsam gefrühstückt und bitten Ihre Partnerin anschließend, mit Ihnen etwas außerhalb des Lagerplatzes zu gehen, um mit ihr allein die Situation zu besprechen.)

Sie: Carola, ich möchte gerne über meine Probleme in der letzten Woche reden.
Partnerin: Bitte!
Sie: Es ist ja nicht zu übersehen: Ich habe mich überschätzt. Für mich ist die Tour vor allem beim bisherigen Tempo zu schnell.
Partnerin: Das habe ich gemerkt.
Sie: Mir ist klar, dass es für euch nicht schön ist, dass ihr bei manchen Rastplätzen eine Stunde und mehr auf mich warten müsst, bevor ihr wieder weitergehen könnt.

(Ihre Partnerin schweigt.)

Sie: Ich bin ein Klotz am Bein und bin darum nicht überrascht, dass sich manche aus unserer Gruppe direkt über mich beschweren. Aber es überrascht mich, dass du dabei ohne Abstriche mitmachst und mich so vor den anderen noch mehr bloßstellst.
Partnerin: Also bitte! „Bloßstellen" ist etwas anderes. Das habe ich nie und nimmer gemacht! Aber gut, ich habe nicht verleugnet, dass es nicht schön für mich ist, dich so zu erleben.
Sie: Gut, das kann ich verstehen. Doch ist es nicht auch so, dass du dich auf diese Weise mit Claude solidarisierst, wenn er meint: So ein Schlappschwanz, dein Partner. Merkst du nicht, wie schlimm das zusätzlich für mich ist, wenn sich in einer solchen Situation auch noch die eigene Partnerin von einem ab- und einem anderen zuwendet?

Partnerin: Bist du jetzt eifersüchtig?

Sie: Carola, merkst du nicht, dass es hier auch um uns geht? Ja, dass du durch dein Verhalten unsere Beziehung schlichtweg in Frage stellst? Sonst könnte es nicht sein, dass du dich in einer solchen Situation von mir abwendest. Natürlich ist mir klar, dass ich zurzeit keinen guten Eindruck nach außen mache. Aber ist für dich nur maßgebend, ob ich nach außen gut oder schlecht wirke? Haben wir denn nicht mehr gemeinsam als diese Äußerlichkeiten?

Partnerin: Du ...

Sie: Was ich dir sagen will, ist: Mit meinem Problem bei dieser Tour kommt auch ein Problem zwischen uns zum Vorschein. Du kannst nicht einfach so tun, als hätte ich nur alleine ein Problem. Du hast damit nämlich auch ein Problem, und im Übrigen ebenso die gesamte Gruppe. Aber Letzteres ist etwas, was ich erst später besprechen will. Jetzt geht es um uns.

Partnerin: Wenn du meinst, dann haben wir eben beide ein Problem. Aber Fakt ist, dass du dich in dieser Tour überschätzt hast und es deshalb den anderen nicht gerade leichter machst, die Tour zu genießen.

Sie: Mit anderen Worten: Ohne mich wäre die Tour für euch schöner.

Partnerin: In gewisser Weise.

Sie: Aber weißt du, was du damit sagst?

Partnerin: Was?

Sie: Es geht dir in keiner Weise darum, mit mir diese Tour zu unternehmen, sondern nur um *deine* Interessen. Dass wir zusammen sind, spielt für dich gar keine Rolle. Höchstens im Gegenteil: Du schämst dich vor den anderen, dass du einen solchen Schlappschwanz als Partner hast. Einer wie Claude macht hier die viel bessere Figur! Er ...

Partnerin: Also, du bist doch eifersüchtig.

Sie: Natürlich ist es so, dass mir das wehtut, wenn ich sehe, wie du seinen Avancen nachgibst. Aber trotzdem

104

versuchst du mit dieser Feststellung über Eifersucht, das Ganze wiederum nur als *mein* Problem zu sehen. Ich bin jedenfalls bis jetzt davon ausgegangen, dass unsere Partnerschaft es aushalten kann, wenn ich mich einmal als der Schwächere erweise. Ich habe immer gedacht: Ich muss für dich nicht der Vorzeigemann sein, sondern habe geglaubt, du magst mich, so wie ich bin.

Partnerin: Aber es geht ja nicht nur darum, dass du dich als der Schwächere zeigst, sondern vor allem wie du das machst. So habe ich dich noch nie erlebt. Du bist dabei nämlich einfach jämmerlich. Vor allem hast du anfangs versucht, das Ganze zu überspielen.

Du hättest darum bemerken müssen, dass ich erst dann vor den anderen etwas dazu gesagt habe, als du mehr oder weniger ableugnen wolltest, dass dir die Tour zu schwer ist. Das war mir einfach zu viel. Da habe ich wirklich eine neue Seite von dir kennen gelernt und dem auch Luft gemacht. Deshalb empfinde ich es als Heuchelei, mir vorzuwerfen, dass es mir nur darum ginge, einen Vorzeigemann als Partner zu haben. Denn es war doch anfangs offensichtlich, dass du es aufgrund deiner verdammten Eitelkeit nicht ertragen konntest, als jemand dazustehen, der sich überschätzt hat.

Sie: Gut, vielleicht habe ich nicht von Anfang an genau zugegeben, wie es mir geht. Es war und ist eben schwer für mich, zu sehen, dass ich nicht mit euch mithalten kann.

Kommentar:

Es kommt hier langsam zum Vorschein, dass es nicht nur Ihre körperliche Schwäche ist, die es Ihrer Partnerin schwer macht, zu Ihnen zu stehen. Vielmehr ist es Ihre Weise, damit umzugehen. Gerade darum kratzt dieser Konflikt an die Basis Ihrer Beziehung. Sie haben sich nämlich anfangs als eine Art Lügner erwiesen und erst mit der Zeit gelernt, den Tatsachen offen ins Auge zu blicken.

Es scheint jedenfalls Ihrer Partnerin vor allem wegen dieses Lügens schwer gefallen zu sein, zu Ihnen zu stehen. Darum ist es jetzt sehr wichtig, dass Sie ihr klar machen können, dass Sie aus Ihren Fehlern gelernt haben und Ihre Schwäche offen zugeben. Dann erst geben Sie Ihrer Partnerin die Möglichkeit, Ihre Schwäche und damit auch Sie in dieser Situation zu akzeptieren. Denn vorher war das Ihrer Partnerin nur schwer möglich. Sie hätte Sie nur als Lügner akzeptieren können, und das ist für eine offene Partnerschaft alles andere als förderlich.

Partnerin: Das vor uns offen zuzugeben ist aber die einzige Möglichkeit, dass wir dich und deine Lage akzeptieren können.
Sie: Gut, das war Bullshit von mir. Aber jetzt, Carola, wie ist es jetzt? Hast du durch unser Gespräch nun nicht die Meinung, dass ich zu mir und meiner Schwäche stehe?
Partnerin: Ja, ... doch!
Sie: Und was ziehst du daraus für Konsequenzen?
Partnerin: Was meinst du damit?
Sie: Ich habe dir doch vorher gesagt, dass ich hier nicht nur ein Problem von mir, sondern von uns beiden sehe. Kurz: Kannst du mich so, wie ich ab jetzt bin, wieder als deinen Partner akzeptieren, oder musst du dich noch immer von mir distanzieren?
Partnerin: Na ja, jetzt habe ich schon wieder das Gefühl, dass wir zusammengehören und nicht eine Wand zwischen uns ist.
Sie: War also vorher eine Wand zwischen uns?
Partnerin: Ja, weil das, was du uns hier vorgemacht hast, sich überhaupt nicht damit deckte, wie du wirklich warst.
Sie: Ich verstehe und möchte mich auch dafür entschuldigen. Das war nicht toll von mir.
Partnerin: Nein, ganz und gar nicht.
Sie: Aber jetzt, kannst du wieder zu mir stehen?

Partnerin: Ich möchte es jedenfalls versuchen, denn natürlich ist durch die letzte Woche nicht jede Bindung zu dir verloren gegangen. Aber ich würde trotzdem erst einmal gerne sehen, dass du jetzt nicht nur vor mir, sondern auch vor den anderen zu dir stehst. Das würde mir sehr helfen, dir wieder näher zu kommen.

Sie: Das ist klar. Ich will jetzt sowieso versuchen, dass ich mit der ganzen Gruppe über dieses Problem spreche.

Dialog mit der gesamten Gruppe

Hier ist es sehr wichtig, dass Sie bei diesem Gespräch nicht nur versuchen, in Kontakt mit den anderen zu treten, sondern auch schauen, dass die anderen sich in Ihre Lage versetzen können. Das bedeutet: Sie dürfen hier weder herumjammern noch große Schuldzuweisungen machen. Sie sollten im Gegenteil einmal erfragen, wie die anderen Sie bis jetzt überhaupt sehen. So können Sie die anderen Sichtweisen überhaupt einmal genauer kennen lernen. In jedem Fall sollten Sie auch hier darauf aufmerksam machen, dass Sie nicht nur ein Einzelproblem vorbringen, sondern ein Gruppenproblem. Denn dadurch, dass Sie die Rolle des Außenseiters in der Gruppe übernommen haben, tragen Sie bis jetzt sozusagen zur „Gruppenhygiene" bei. So können die anderen sozusagen ihre Probleme auf Sie abwälzen. Sie bilden für sie in gewisser Weise den „Watschenmann". Das zeigt aber, dass die Gruppe ein Defizit hat, weil in ihr die Strategie bestimmend ist, den oder die Schwächeren zu Außenseitern zu machen. Denn wenn die Gruppe kein Defizit hätte, würde sie Sie, also den Schwächeren, in die Gruppe integrieren. Eine Integration könnte dabei so aussehen, dass die restliche Tour insofern verändert wird, dass Sie Ihnen besser entspricht. D. h. vor allem: Sie müssen sich mit dem Führer genauer absprechen. Es ist überhaupt so, dass Sie sich gegenüber den einzelnen Leuten in der jeweils angemessenen Weise aussprechen sollten. Sie sollten also nicht pauschal, sondern differenziert auf die jeweiligen Leute eingehen. So gilt es diejenigen Gruppenmitglieder anders zu behandeln, von denen Sie vorher wie von Claude direkt attackiert worden sind, als andere, die nur passiv ihren Unmut geäußert oder sich gar nicht an diesem Konflikt beteiligt haben.

Falls hierauf die Gruppe bzw. der Großteil der Gruppenmitglieder nicht reagiert[34], dann sollten Sie den weiteren Eskalationsweg beschreiten und klar machen, dass Sie nicht gewillt sind, in dieser Weise noch zwei weitere Wochen mit der Gruppe zu verbringen. Denn das geht Ihnen nicht nur physisch zu sehr an die Substanz, sondern vor allem auch psychisch. Kurz: Wenn es nicht anders geht, dann werden Sie sich auf Ihre Kosten von einem Hubschrauber abholen lassen. Denn Sie sind nicht weiter gewillt, in dieser Gruppe die Rolle des Außenseiters zu übernehmen und so zur „Gruppenhygiene" beizutragen.

Sie: Craig [das ist der Führer], ich würde gerne mit der Gruppe über mein Konditionsproblem reden.[35]
Führer: Okay!
Sie: Könntest du bitte alle zusammenrufen, sodass wir darüber sprechen können?
Führer: Das kann ich machen.

(Er verständigt alle anderen. Nach 10 Minuten sind alle um den Feuerplatz versammelt, und Sie können beginnen.)

Sie: Es ist sicherlich jedem von euch aufgefallen, dass ich der Schwächste der Gruppe bin und oft sehr weit hinter euch zurückbleibe.
Claude: Das kann man wohl sagen. Du bist immer der, auf den wir warten müssen.

Sie: Ich wollte das anfangs selbst nicht wahrhaben und habe deshalb leider versucht, mir und euch etwas vorzumachen. Jetzt sehe ich aber, dass ich die Lage so noch verschlimmert habe, und dafür möchte ich mich entschuldigen.

Führer: Das finde ich gut! Wir haben auf so einer Tour ja alle mit Strapazen zu kämpfen, und da kommt es nicht gut an, wenn einer etwas vertuschen will.

Claude: Vor allem, wenn derjenige mit Abstand der Schwächste ist und die anderen darauf dauernd Rücksicht nehmen müssen.

Sie: Darum – wie gesagt – will ich mich auch bei jedem von euch dafür entschuldigen. Aber ich möchte das auch mit einer Bitte verbinden: Ich fühle mich bis jetzt nämlich von der Gruppe ausgegrenzt, was ich gut verstehe, so wie ich mich bisher verhalten habe. Aber ich bitte euch für die kommenden zwei Wochen, mich so zu nehmen, wie ich bin, und mich nicht mehr zu schneiden.

Claude: Wenn du dich normal verhältst, haben wir damit auch keine Probleme.

Sie: Claude, es ist allerdings so, dass mich nicht jeder der Gruppe gleich behandelt hat. Die meisten haben mir höchstens passiv gezeigt, dass sie nichts mit mir zu tun haben wollen. Du warst leider derjenige, der mir am meisten gezeigt hat, welch schlechte Meinung er von mir hat.

Claude: Wenn selbst deine Freundin dein Verhalten unmöglich findet ...

Carola: Claude, das ist wirklich nicht fair!

Claude: Heißt das, du nimmst jetzt wieder Partei für ihn?

Carola: Was heißt Partei? Mir hat bis jetzt auch nicht gefallen, dass Paul [das sind Sie] nicht zugegeben hat, wie es ihm geht. Aber jetzt tut er das doch. Zudem hat er sich für sein vorheriges Verhalten entschuldigt. Ich finde, darum sollten wir ihm eine Chance geben.

Führer: Das finde ich auch!

Kommentar:

Bisher haben sich an dem Gespräch nur vier Personen beteiligt: der Führer, Claude, Ihre Partnerin und Sie. Das ist normal für einen solchen Konflikt. Zwar haben sich sehr wahrscheinlich fast alle Beteiligten eine eigene Meinung dazu gebildet, jedoch sprechen die wenigsten diese auch aus. Trotzdem sollten Sie versuchen, auch andere Meinungen zu diesem Problem zu bekommen. Auf diese Weise können Sie nämlich tatsächlich erkennen, ob Sie eine Chance haben, in Zukunft in die Gruppe integriert zu werden.

Sie: Wie ist es mit euch anderen? Was sagt ihr dazu?

(Sie schauen sich in der Runde um. Darauf sagen Antonio und Anna, die beiden italienischen Mitglieder:)

Antonio: Ja Paul, ich muss sagen: Die letzte Woche hast du dich wirklich nicht gut verhalten. Auch ich habe mich wie Claude einige Male über dich geärgert. Doch habe ich durch die jetzige Aussprache und deine Entschuldigung den Eindruck: Wir können es nochmals neu versuchen. Ich finde es sowieso dumm, auch von mir selbst, sich hier wegen solcher Lappalien so aufzuregen. Hier ist es so schön. Die Berge und überhaupt die ganze Natur sind so gigantisch. Da sollte man die kleinlichen Streitereien wirklich hintanstellen und einfach jede Minute genießen, die wir hier sein dürfen.

Anna: Genau, ob wir etwas schneller oder langsamer vorankommen, das ist doch Nebensache.

Sie: Ja, Anna, damit nimmst du eine zweite Bitte von mir vorweg, nämlich die Tagestouren evtl. etwas zu verkürzen. Dann könnte ich mit meiner Kondition besser mithalten.

Führer: Das wollte ich auch vorschlagen. Ich sehe da zwei

Alternativen: Entweder den nächsten Ruhetag in einer Woche zu streichen und dafür täglich die geplante Route ein wenig langsamer anzugehen. Oder den Ruhetag nicht anzutasten und insgesamt eine kürzere Route zu nehmen. Dann könnten wir aber zu einem der Gletscher nicht mehr vordringen.

Frank (einer der Kanadier): Welcher Gletscher ist das denn?

(Craig, der Führer, zeigt es allen Gruppenmitgliedern auf seiner Karte.)

Frank: Ich wäre dann mehr dafür, den Ruhetag zu streichen.

Anna: Ich auch.

Amelie (eine Französin): Das scheint auch mir das Beste zu sein. Denn so müssen wir keine Abstriche an unserer Tour machen.

David (einer der US-Amerikaner): Paul, wie meinst du denn, dass du das mit deinen Kräften am besten schaffst? Welche Alternative wäre dir denn am liebsten?

Sie: Ich überlasse das euch. Ich denke, ich kann mit beiden Alternativen kräftemäßig leben. Wenn nur die Tagestouren nicht mehr so lang sind und in kürzeren Etappen gegangen werden können, sodass ich mehr Pausen habe.

Antonio: Dann streichen wir doch den Ruhetag.

(Carola, Anna, Frank, Amelie, David und die meisten anderen geben dazu ihre Zustimmung.)

Führer: Dann machen wir es so: Wir gehen ab sofort in kleineren Etappen, machen größere Pausen und streichen dafür den nächsten Ruhetag. Oder gibt es noch jemanden, der damit nicht einverstanden ist?

(Er schaut sich in der Runde um. Darauf sagt Claude:)

Claude: Und was ist, wenn Paul das auch nicht schafft? Dann müssen wir in jedem Fall unsere Tour ändern, und nur deswegen, weil einer seine Kräfte überschätzt hat und nicht hierher gehört.

Führer: Jetzt warte doch erst einmal ab, wie sich unsere Änderung die nächsten Tage bewährt.

Sie: Claude, ich kann dich beruhigen. Wenn ich in den nächsten Tagen merke, dass ich das nicht schaffe, dann lasse ich auf meine Kosten einen Hubschrauber bestellen. Denn sonst strapaziere ich mich und euch nur unnötig.

(Darauf schweigt Claude.)

Kommentar:

Damit hat sich erst einmal eine Lösung gefunden, mit der – vielleicht mit Ausnahme von Claude – jeder leben kann. Natürlich hätte es auch sein können, dass keine solche Lösung hätte gefunden werden können. Dann hätten Sie tatsächlich nur die Möglichkeit gehabt, sofort den Hubschrauber zu bestellen. Aber meistens sind die anderen Gruppenmitglieder – wie in diesem Fall – ebenso interessiert an einer Gruppenlösung wie Sie. Sie dürfen nur nicht den Fehler machen, strategisch vorzugehen, sondern müssen offen und ehrlich sagen, was Sache ist, dann haben Sie auch die besten Chancen auf eine für alle vertretbare Lösung.

Schluss

Nun sind Sie am Schluss dieses Buchs über die Kunst, offen „Nein" zu sagen, angelangt, und Sie fragen sich vielleicht, was Sie denn nun gelernt haben bzw. was Ihnen die hier beschriebenen Hinweise und Dialogbeispiele nützen?
Aber vielleicht sind das die falschen Fragen. Denn vielleicht versuchen Sie gerade so wiederum nur eine Strategie anzuwenden, wodurch Sie nicht in Kontakt mit den dargestellten Problemen kommen!
Doch wie kommen Sie denn mit diesen Problemen in Kontakt? Und: Ist es nicht normal im Leben, Strategien anzuwenden?
Was kann man darauf antworten? Denn es stimmt: Die meisten Menschen wenden Strategien an. Manche, wie der Chef im ersten Kapitel/Fall zwei, der prüfen will, ob Sie der bzw. die Richtige für eine Stelle sind, auch mit gutem Grund. Er will ja nicht Sie als *ganze Person* einstellen, sondern jemanden, der eine bestimmte Rolle im Berufsleben spielen kann. Das scheint legitim zu sein, beschneidet aber die Möglichkeit eines umfassenderen In-Kontakt-Seins mit dem Gegenüber. Hier heißt es darum, immer den Unterschied zwischen Kontakt mit Menschen und Kontakt mit einer Situation im Auge zu behalten. Denn mit Menschen kann Kontakt oft nur teilweise oder gar nicht möglich sein, während er dagegen mit einer Situation sehr wohl möglich ist. Hier bedeutet „In-Kontakt-Sein mit der Situation" zu akzeptieren, dass es nicht möglich ist, mit dem jeweiligen Gegenüber ganz oder nur teilweise in Kontakt zu sein. Oft, wie im Berufsleben, reicht es sowieso, wenn wir nur teilweise – also z. B. nur bezogen auf berufliche Belange – in Kontakt mit unserem Gegenüber sind. Nur wenn wir mit Freunden, engen Verwandten oder unseren Partnern zusammen sind, können wir wahrnehmen, dass ein umfassenderer Kontakt möglich ist.

„In-Kontakt-Sein" heißt aber in keinem Fall, sich Vorstellungen oder Bilder von anderen oder insgesamt von einer Situation zu machen. Dies können Sie z. B. im fünften Kapitel, im Wunsch der Mutter, auf ihren Sohn stolz zu sein, ersehen. Stattdessen bedeutet „In-Kontakt-Sein", sich in aller Widersprüchlichkeit in den anderen hineinzuversetzen, wie es im Partnerkonflikt-Beispiel im sechsten Kapitel veranschaulicht ist. In diesem Kapitel sowie im vierten Kapitel beim „Familienkonflikt ums Erbe" sind dazu zwei Fälle beschrieben, in denen es darum geht, was zu machen ist, wenn alte Konflikte wieder hochkommen. Denn es ist sehr wichtig, „Wiederholungszwänge" in Beziehungen zu erkennen und aufzulösen.

Sie sagen sich vielleicht jetzt: Das klingt alles recht schön und gut! Aber ist das schon alles, was ich zum „In-Kontakt-Sein" im Gegensatz zum Anwenden von Strategien wissen muss? Kann ich jetzt wirklich offen „Nein" sagen?

Aber eigentlich müssten Sie schon nach Lesen der Einleitung bei solchen Fragen dazwischenhaken können! Denn natürlich dürfen Sie jetzt nicht den (alten) Fehler begehen, die gerade in dieser Zusammenfassung nochmals kurz beschriebenen wichtigen Punkte als Wissen zu betrachten, das Ihnen in jedem Fall weiterhilft. Nein, jede Situation verlangt wiederum ein eigenes Handeln. D. h. konkret: Wie Sie in einer Situation genau Kontakt finden, dafür gibt es keine eindeutigen Regeln. Offenheit für eine Situation und Vertrauen zu einer Situation müssen sich jedes Mal neu einstellen. Jedes Mal müssen Sie sich einem neuen Geflecht hingeben und dürfen nicht nach einem Ursache-Wirkung-Modell handeln. Darum seien Sie sich immer dessen bewusst: Die hier aufgeführten Punkte sind nur Orientierungshilfen, um sich intuitive Fähigkeiten anzutrainieren, die in der jeweiligen Situation als Teil Ihres Selbst zum Vorschein gebracht werden können.[36] Aber welche Fähigkeiten Sie an einem gewissen Ort und zu einer gewissen Zeit dadurch aufbringen, stellt sich nur in der jeweiligen Situation ein. Das ist weder vorhersagbar noch kontrollierbar, und zwar schon deshalb, weil nur ein Teil der Situation von Ihnen abhängt und der andere Teil stets ungewiss bleibt. Womit Sie darum genau in Kontakt geraten – und das ist ein wichtiger Teil des Kontakts selbst –, bleibt in *gewissem* Grade immer im Unklaren. Dem muss man sich stellen. Dies kann man nur akzeptieren. Darum ist es in der Kunst, offen „Nein" zu sagen, so wichtig, dass Sie Vertrauen zum In-Kontakt-Sein bekommen. Denn dann akzeptieren Sie auch die Unklarheit dabei. Auf diese Weise stellen Sie sich vorbewusst unter ein größeres Ganzes und finden sich zugleich damit ab, dass Sie diesen Zustand weder *beherrschen* noch *herstellen* können.

Doch Sie fragen vielleicht weiter: Sind das nicht alles nur schöne Worte? Was kann mir dieses Buch wirklich helfen, wenn ich es lese und nicht als eine Art Wissen betrachte? Wie kann ich das, was hier geschrieben steht, wirklich beherzigen? Ist es vielleicht nicht einfach so, dass ich an einer Art Ich-Schwäche leide, sodass mir oft „alles zu viel ist" und ich dann gerade kein Vertrauen zu einer Situation aufbauen kann? Kann ich vielmehr die jeweilige Situation einfach nicht akzeptieren, weil ich mich von ihr überfordert fühle? Ist das nicht auch der Grund, warum ich versuche, Strategien anzuwenden, weil ich mich vor diesen Situationen schützen will? Und suche ich darum nicht auch ein Wissen, das mich vor den Unwägbarkeiten dieser Situationen bewahrt?

Diese Fragen sind natürlich nicht einfach beiseite zu wischen. Es gilt hier sogar weiterzufragen – ähnlich wie es Erich Fried in seinem Gedicht „Warnung vor Zugeständnissen" mit den Fragen Rabbi Hillels formuliert:

Mir fiel dabei immer
nur Rabbi Hillel ein
der Lehrer der Sanftmut
und der Geduld
der gesagt hat:
„Wenn *ich* nicht
für mich bin
wer *dann*?
Doch wenn ich *nur*
für *mich* bin
was bin ich?
Und wenn nicht jetzt
wann sonst?"[37]

So ist es für Ihr Problem in jedem Fall gut, wenn Sie sich Rabbi Hillels Worte durch den Kopf gehen lassen und sich selbst fragen:

„Wenn *ich* nicht / für mich bin / wer *dann*?"

Machen Sie sich bei dieser Frage einmal klar, was Sie wirklich zu sich selbst bringt. Seien Sie sich dabei bewusst: Das können nur Sie selbst entscheiden und niemand anderer. Auf diese Weise bekommen Sie heraus, was die Situationen sind, bei denen Sie das Gefühl haben: Jetzt bin ich tatsächlich bei mir und erfülle nicht von außen an mich gestellte Ansprüche.

Gehen Sie daraufhin Ihr Leben einmal durch! Vielleicht merken Sie auf diese Weise, dass sich bei Ihnen in der Vergangenheit bestimmte Beschäftigungen herausgebildet haben, die Sie tatsächlich immer wieder zu sich selbst gebracht haben und bringen. Das kann im Berufsleben heißen, mit einem bestimmten Projekt betraut zu sein, das Ihnen liegt. Das kann in Ihrer Freizeit bedeuten, bestimmte Bücher zu lesen, bestimmte Musik zu machen oder einen bestimmten Sport zu betreiben.

Klären Sie dabei aber auch ab, welche Beschäftigungen Sie nur zerstreuen. Das bedeutet: Bei welchen Tätigkeiten vergeht Ihnen die Zeit zwar sehr schnell, aber Sie selbst sind gar nicht richtig präsent, sondern Sie fühlen sich nur gut unterhalten. Sie werden nämlich bemerken: Diese Tätigkeiten sind austauschbar. Sie haben nichts wirklich mit Ihnen zu tun, sondern könnten jedem beliebigen Menschen zu einer beliebigen Zeit und an einem beliebigen Ort passieren!

Dagegen haben die Beschäftigungen, bei denen Sie zu sich kommen, mit der bestimmten Zeit und dem bestimmten Ort, an dem Sie sie erleben, wirklich zu tun. Hier ist Ihnen auch klar, was „In-Kontakt-Sein" heißt. Denn Kontakt stellt sich genau dann ein, wenn es Ihnen im „Hier und Jetzt" wirklich um die Sache geht.

Lassen Sie sich nicht unnötig davon beunruhigen, dass Sie auch bemerken, dass Sie mit diesen Tätigkeiten nicht immer in Kontakt stehen, wenn Sie sich damit beschäftigen. Denn dafür braucht es eben immer eine bestimmte Zeit und einen bestimmten Ort. Darum kann es durchaus vorkommen, dass Sie diese Tätigkeiten manchmal als eine Art von *Beschäftigungstherapie* betreiben, um sich abzulenken. Das lässt sich vor allem dann nicht vermeiden, wenn Sie von tieferen Sorgen geplagt werden. Aber das ist ganz normal! Auch ist es normal, dass Sie dieses In-Kontakt-Sein nicht steuern können – schon allein deswegen, weil es vorbewusst abläuft: Es ergibt sich eben oder es ergibt sich nicht! Sie können dafür nur bereit sein. Sie können es aber nicht erzwingen, und Sie können nie darüber Bescheid *wissen*. Vielmehr können Sie sich nur in die jeweilige Situation fügen und darauf achten, wenn der Kontakt zustande kommt.

Wichtig ist darum erstens, dass Sie bei sich tatsächlich diejenigen Beschäftigungen herausfinden, bei denen es sich immer wieder ergibt, dass Sie in Kontakt dazu stehen. Finden Sie solche Beschäftigungen bei sich nicht, dann liegt der Fall schon schwieriger. Denn dann zeigt sich, dass Sie bisher nie bei sich waren und sind. Dann sollten Sie aber weiter in sich gehen und sich fragen: Was habe ich in meinem Leben bisher wirklich gern gemacht? Gehen Sie in diesem Fall auch in Ihre Kindheit zurück! Denn meist können Sie gerade da etwas entdecken, was Sie wirklich gern gemacht haben und bei dem es gilt, jetzt wieder anzuknüpfen. Dabei kann es sich auch um Briefmarkensammeln oder das Sichbeschäftigen mit einer Modelleisenbahn handeln. Das klingt für viele vielleicht allzu banal, ist es aber nicht! Verwechseln Sie diese Tätigkeiten nämlich nicht mit Hobbys, die Sie wirklich nur zum Zeitvertreib machen! Sie können nämlich durchaus bei Beschäftigungen bei sich sein, die für einen Außenstehenden auf den ersten Blick läppisch wirken. Es kommt nur darauf an, dass Sie sich dabei tatsächlich im Akt des Tuns befinden. Das bedeutet: Sie tun diese Sachen nicht, weil Sie damit etwas bezwecken wollen. Sie wollen also deswegen weder vor anderen gut dastehen noch wollen Sie dabei sich selbst und Ihre Sorgen vergessen. Vielmehr beschäftigen Sie sich damit einfach gern und machen sie deshalb tatsächlich *der Sache wegen* und nicht aus darüber hinausgehenden Gründen. Wenn das so ist, kommen Sie nämlich auch immer wieder in Kontakt dazu!

Allerdings ist dafür zweitens wichtig, dass Sie diese Tätigkeit kontinuierlich betreiben! Damit begegnen Sie paradoxerweise vor allem dem erwähnten Umstand, dass es auch Zeiten gibt, in denen Sie diese Tätigkeit nur als eine Art von *Beschäftigungstherapie* ausüben. Denn nur wenn sie kontinuierlich an einer Sache dranbleiben, stellt sich auch immer wieder Kontakt ein. Wenn Sie dagegen in

Ihrer kontinuierlichen Ausübung nachlassen, ist es nicht nur so, dass diese Tätigkeit zu einem beliebigen Hobby verkommt, das Sie nur dann tun, wenn Sie sich ablenken wollen. Vielmehr verlieren Sie auch insgesamt Ihren Lebensrhythmus, weil dieser wichtige Teil Ihres Lebens fehlt, in dem Sie tatsächlich im „Hier und Jetzt" sind. Es passiert dann meistens, dass Sie Ihre Ausgeglichenheit verlieren, sich schneller über etwas ärgern und anfälliger für psychosomatische Krankheiten werden. Es verwundert darum nicht, dass Sie dann auch schlechter in der hier dargestellten Weise „Nein" sagen können, weil Sie die Zeiten vermissen, in denen sich in Ihrem Leben kontinuierlich immer wieder Offenheit einstellt.

Dagegen ist es umgekehrt so, dass Sie tatsächlich immer wieder zu sich kommen, wenn Sie einer solchen Beschäftigung kontinuierlich nachgehen. Sie können dann nicht nur insgesamt besser offen „Nein" sagen, sondern sind auch besser imstande, neue Fähigkeiten zu lernen, um sich weiterzuentwickeln.

Darum kann ich Ihnen nur raten: Gehen Sie in sich und finden Sie heraus, was die Beschäftigungen sind, die Ihnen einen besseren Lebensrhythmus ermöglichen!

„Doch wenn ich *nur* / für *mich* bin / was bin ich?"

Bei all dem Erwähnten dürfen Sie aber nie vergessen, dass es nicht nur ums „Bei-sich-Sein" geht, sondern genauso ums Sein mit anderen. Ansonsten ist die Gefahr groß, ein Egozentriker zu werden. Machen Sie sich darum einmal klar, wann Sie tatsächlich mit einem oder mehreren anderen in Kontakt sind. Wann zerstreuen Sie sich nicht nur mit Ihren Freunden, Verwandten oder mit Ihrem Lebensgefährten[38]? Vielmehr wann kommt bei einem Aufeinandertreffen tatsächlich etwas heraus, bei dem keiner der

Beteiligten den oder die anderen (einschließlich der Situation) beherrschen will? Wann akzeptieren also alle Beteiligten einfach die Situation und können von ihren Urteilen loslassen und auch davon ablassen, sich und die anderen kontrollieren zu wollen? Auf diese Weise kann nämlich auch etwas Unerwartetes passieren und wahrgenommen werden.

Dieses Buch widmet sich vor allem diesem Bezug zu anderen. Darum sind die Dialoge in den Kapiteln vier, fünf, sechs und sieben genau genommen Versuche, solche Arten von Kontaktaufnahmen im Aufeinandertreffen von Geschwistern, Eltern mit ihren Kindern und Lebensgefährten zu verdeutlichen. Denn oft ist es gerade so, dass beim Aufeinandertreffen von scheinbar vertrauten Menschen nur noch Routine am Werk ist und die Lage zwischen ihnen festgefahren ist. Die dargestellten Dialoge sind deshalb Versuche zu zeigen, wie es auch anders geht.

Allerdings begegnen uns die anderen nicht nur als die Menschen unseres Familien- und Freundeskreises, sondern wir treffen auf sie auch als Dienstleister, Kollegen, Wohnungsnachbarn oder Mitglieder einer Reisegruppe. Darum sind das Einleitungsbeispiel, die Kapitel eins bis drei und auch das siebte Kapitel Versuche, für Situationen mit diesen Menschen Arten der Kontaktaufnahme zu beschreiben bzw. zu schildern, wie dies auch scheitern kann.

Dabei soll nochmals betont werden: Wenn eine Kontaktaufnahme zu einer Person scheitert, heißt das noch nicht, dass die Kontaktaufnahme zur Situation ebenso gescheitert ist. Und gerade dadurch, dass Sie in Kontakt mit der Situation stehen, können Sie wahrnehmen, dass der Kontakt mit dem Menschen nicht möglich ist. Das zeigt: Der Kontakt mit der Situation ist dem Kontakt mit dem Menschen übergeordnet. Allerdings bringt dieser Umstand auch Gefahren mit sich. Denn welches sichere Kriterium gibt es dafür, dass in einer Konfliktsituation tatsächlich *Sie* mit einer Situation in Kontakt stehen und nicht womöglich der oder die anderen? Die Antwort darauf ist nämlich: keines! Denn hier trifft wieder einmal zu, dass es im Endeffekt nur vorbewusste Wahrnehmungen sind, auf die Sie sich bei Ihrer Beurteilung stützen können, und nicht sichere Erkenntnisgegenstände. Jedoch, wenn es auch kein sicheres Kriterium gibt, ein Kriterium zur Einschätzung des Kontakts mit einer Situation gibt es natürlich schon, und das ist die Offenheit. Fragen Sie sich darum immer, wie offen Sie in einer Situation sind. Das bedeutet vor allem: Wie viele Möglichkeiten sehen Sie? Wenn Sie z. B. nur eine Möglichkeit sehen, können Sie nicht offen für eine Situation sein. „Offen zu sein" bedeutet nämlich immer mehr wahrnehmen zu können, und dieses „Mehr" ist nie einzugrenzen. Aber dieses „Mehr" ist es gerade, was uns begegnet, wenn wir in Kontakt mit einer Situation sind. Jedoch aufgepasst: Dieses „Mehr" ist immer vorbewusst. Wenn wir es wissen wollen, ist es nicht mehr da bzw. dann ist die Offenheit verloren.

„Und wenn nicht jetzt / wann sonst?"

Wenn es um Offenheit und In-Kontakt-Sein geht, geht es implizit auch immer um das „Hier und Jetzt". Denn nur im „Hier und Jetzt" können Sie offen und in Kontakt mit einer Situation sein. Darum ist es das oberste Gebot, in dieses „Hier und Jetzt" hineinzukommen. Selbst wenn es oft sehr wichtig ist, die Vergangenheit aufzuarbeiten und die Zukunft vorzubereiten, so entscheidet es sich lediglich im „Hier und Jetzt", ob dies wirklich gelingt. Ja, nur im „Hier und Jetzt" haben Vergangenheit und Zukunft überhaupt einen Sinn, ansonsten gibt es diese Zeitmomente im strengen Sinne für uns gar nicht, weil wir nicht in Kontakt dazu sind, sondern nur über etwas Fremdes räsonieren. Darum ist es kontraproduktiv, diese Zeitmomente – wie das herkömmlich angenommen wird – als chronologische Punkte auf einer objektiven oder subjektiven Zeitachse zu betrachten. Denn nur im „Hier und Jetzt" sind wir damit in Kontakt und verknüpfen diese Zeitmomente zu einer Einheit, die wir Gegenwart nennen. Aber natürlich läuft dies wiederum vorbewusst ab; wenn wir es wissen (möchten), sind wir davon abgetrennt.

Doch vielleicht fragen Sie sich wieder einmal: Ist es nicht so, dass in den Worten, in denen dieser Umstand hier formuliert wird, ein Wissen davon vermittelt wird? Und wird es so nicht unmöglich gemacht, in dieses „Hier und Jetzt" zu kommen? Oder noch schlimmer: Steht nicht allgemein der Anweisungscharakter dieses Buchs, in dem sogar vom „oberste[n] Gebot, in dieses ‚Hier und Jetzt' hineinzukommen" die Rede ist, in Gegensatz zur Offenheit, die damit erreicht werden soll? Wird so nicht einerseits ein Zwang aufgebaut und andererseits gesagt, worum es geht, ist das Gegenteil von Zwang?

Die Antwort darauf ist paradoxerweise: Dieser Widerspruch ist nicht zu lösen, zumindest nicht durch das isoliert betrachtete Buch! Ein Buch kann nämlich immer nur von Wahrnehmungen und vom Kontakt (mit sich und anderen) erzählen und darauf eindrücklich hinweisen. Es ist aber selbst per se keine Wahrnehmung oder ein Kontakt. Es kann aber dazu führen, dass ein Leser im Leseakt bzw. im Aufeinandertreffen mit dem Buch etwas nicht Vorhergesehenes wahrnimmt und so mit sich und dem Buch in Kontakt kommt. Das hat aber weniger mit dem Wissen, das dieses Buch vermittelt, zu tun, als vielmehr mit dem Ereignis, das beim Lesen entstehen kann.

Hier gilt es darum bei den Akten bzw. bei den Tätigkeiten selbst anzusetzen, ob das jetzt beim Lesen oder bei irgendeinem anderen Akt ist. Das bedeutet: Versuchen Sie während der Ausübung einer Tätigkeit so wenig wie möglich Gedankenarbeit zu leisten und Wissen aufzunehmen, sondern konzentrieren Sie sich voll auf die jeweilige Tätigkeit und darauf, was diese Tätigkeit mit Ihnen macht. D. h. auch: Lassen Sie sich von nichts ablenken! Vielmehr nehmen Sie möglichst nur wahr, was gerade *ist*. Dann gelingt es Ihnen nämlich scheinbar automatisch, das Beste in der jeweiligen Situation zu tun und der Situation damit zu entsprechen. Dann können Sie vor allem auch offen „Nein" sagen.

Manchmal – Sie werden sehen – klappt dies auch, und zwar vor allem dann, wenn Sie eine Situation so akzeptieren, wie sie *ist*. Denn das Wahrnehmen- und Akzeptierenkönnen einer Situation bedingen sich! Wenn Ihnen also beides gelingt, sind Sie in Kontakt mit der Situation, ob es sich jetzt um eine traurige oder glückliche Situation handelt. Sie sind dann in einem Zustand, in dem es ein Wollen überhaupt nicht mehr gibt, sondern ein gleichzeitiges Sein und Werden. Gerade in diesem Zustand gelingt es am besten, offen „Nein" zu sagen, weil Sie es nicht aus egoistischen Motiven heraus machen, sondern weil es die jeweilige Sache erfordert.

Diese Zustände gibt es! Jeder von uns erlebt sie! Sie sind die intensiven Momente, die uns im Akt des Erlebens nicht fragen lassen, wer und was wir gerade sind. Vielmehr befinden wir uns in diesen Zuständen in einer größeren, uns übersteigenden Situation – mit anderen Worten: im „Hier und Jetzt"[39].

Es sollte darum eine vordringliche Aufgabe für jeden von uns sein, alles daranzusetzen, möglichst oft in diesen Zuständen zu verweilen. Nicht nur, weil wir dann besser offen „Nein" sagen können, sondern weil wir dann das Gefühl haben, wirklich zu leben.

Anmerkungen

[1] Fromm, Erich: Die Kunst des Liebens. Frankfurt/Main 1979.

[2] Dass es sich beim hier beschriebenen Neinsagen um eine Lebenskunst und nicht um eine musische Kunst handelt, dürfte wohl nicht verwundern. Allerdings, wie meine Beispiele aus der Musik zeigen, heißt das nicht, dass es zwischen beiden Arten von Künsten nicht eine gewisse Nähe gibt. Im Übrigen ist es meiner Meinung nach nicht möglich, zu definieren, was eine Lebenskunst allgemein und die Kunst, offen „Nein" zu sagen, im Besonderen ist. Denn beides gestaltet sich für jeden von uns individuell und auf beides kann auch nicht rein rational zugegriffen werden. Vielmehr lassen sich beide Künste nur intuitiv und nicht bewusst erlernen und ausüben. Was damit genauer gemeint ist, wird sich im Fortgang meines Buchs klären.

[3] Dazu kann man neben Fromms Arbeit vor allem Herriegels Beschreibung des Bogenschießens zählen (Herriegel, Eugen: Zen und die Kunst des Bogenschießens. 24. Aufl. Bern 1985.)

[4] Im Übrigen gilt es, sich von dem Vorurteil zu befreien, dass erst der Jazz die Improvisation in die Musik eingeführt hat. Denn Improvisationen wurden von jeher auch in der europäischen Kunstmusik gepflegt (siehe Harnoncourt, Nikolaus: Der musikalische Dialog. 2. Aufl. München 1988).

[5] Siehe dazu seine Aussagen in: Aikin, Jim: Ein ziemlich schwieriger Fall [Ein Interview mit Keith Jarrett]. In: Fachblatt. Das Music Magazin. August 1980. S. 60–67. [Ohne Angabe des Übersetzers.]

[6] Allerdings ist NLP zu seiner Anfangszeit offener gewesen, als dessen Begründer, Bandler und Grinder, noch darangingen, die Kunst ihrer Vorbilder, der drei genialen Therapeuten M. Erickson, F. Perls und V. Satir, für Übungen und Hinweise fruchtbar zu machen. Auch stand damals der Technikgedanke noch nicht so stark im Vordergrund. Vielmehr fassten Bandler und Grinder ihre Workshops noch mehr oder weniger als eine Art von sokratischen Dialogen auf, in denen sie vor allem an einem bestimmten Ort und zu einer bestimmten Zeit Kontakt zu ihren Klienten herstellten. Siehe dazu z. B. Bandler, Richard und Grinder, John:

Neue Wege zur Kurzzeit-Therapie. Paderborn 1988. Hrsg. von Hilarion Petzold und übersetzt von Thies Stahl (amerikanische Erstausgabe 1979). Später jedoch ging dieser Ansatz verloren. So verkürzt Bandler in seinem in der amerikanischen Erstausgabe 1996 erschienenen Buch „Unbändige Motivation. Angewandte Neurodynamik" (Paderborn 1997. Übersetzt von Vukadin Milojevic) sein Konzept darauf, mit seinen Übungen alte (schlechte) neuronale Verknüpfungen im Gehirn zu umgehen und neue (bessere) neuronale Verbindungen zu legen. Kurz: Er geht dezidiert von einer Technik aus, die einen Menschen nicht nur psychisch, sondern sogar physiologisch verändern soll.

[7] Je vier Mal werden so weibliche Rollen (Einleitungskapitel, erstes, zweites und fünftes Kapitel) und je vier Mal männliche Rollen (drittes, viertes, sechstes und siebtes Kapitel) bezeichnet.

[8] „Metaebene" meint hier allerdings nichts, was getrennt ist von einer so genannten „Objektebene". Vielmehr stellt eine „Metaebene" eine Gesprächsposition dar, die aus einer beengten Situation herausführen kann. Denn sie erlaubt einerseits, über den Prozess einer Beziehung zu reden. Andererseits bleibt sie Teil einer Gesamtsituation und ermöglicht so den Kontakt zu dieser Situation.

[9] Genaueres dazu ist in meinem Buch „Anwenden und Deuten" (München 1998) beschrieben.

[10] *In-Kontakt-Sein* ist allgemein der Zustand, in dem jemand in einer Situation in Vertrauen auf seine intuitiven Fähigkeiten handelt. Das kann in einer Face-to-Face-Kommunikation mit einem anderen Menschen auch sehr wohl *asymmetrisch* ablaufen. D. h. einer der beiden kann sehr wohl in Kontakt mit der Situation sein, der andere nicht. Der Grund dafür ist: Der eine kann sich auf alles, was im „Hier und Jetzt" geschieht, einlassen, der andere nicht. Das impliziert allerdings: Ersterer ist nicht mit seinem Kommunikationspartner in Kontakt, weil das in einer asymmetrischen Situation nicht möglich ist, sondern mit der gesamten Situation. Dabei ist wichtig einzusehen: Kontakt *hat* man nicht, er ist kein Besitz. Vielmehr *ist* man mit einer Situation in Kontakt. In-Kontakt-Sein ist darum nichts Statisches, sondern etwas in der jeweiligen Zeit. In-Kontakt-Sein ist nämlich

ein „Entstehenlassen" von Ereignissen entsprechend der jeweiligen Situation, im Gegensatz zu einem Erzwingen, in dem man sich eben gerade nicht auf die entsprechende Situation einlässt.

[11] Unter diese Form der Trennung fällt auch, dass wir uns in einer internalisierten Variante von Gedanken oder sogar von Objekten beherrschen lassen, denen wir irrigerweise die Rolle von Subjekten zuschreiben. Dies kann sich unter Umständen so weit steigern, dass sich gewisse Menschen, die man als „Kleptomanen" bezeichnet, förmlich von Objekten dazu gezwungen sehen, sie zu stehlen.

[12] Siehe z. B. für das Thema „Angst" folgendes Buch: Marks, Isaac: Ängste. 2. Aufl. Berlin u. a. 1993. Hrsg. und u. a. übersetzt von Patrizia Winter.

[13] Nicht zu vergessen, dass zu jedem bestimmten Zeitpunkt auch konkurrierende Ansätze verfolgt werden!

[14] Wem diese Ausführungen nicht genügen, kann meine Bücher „Anwenden und Deuten" sowie „Hinweise zum Glück" (München 2001) lesen, wo ich mich einerseits erkenntnistheoretisch und andererseits phänomenologisch damit ausführlich auseinander setze.

[15] Siehe Wittgenstein, Ludwig: Philosophische Untersuchungen. In: ders.: Werkausgabe. Bd. 1. Frankfurt/Main 1984. S. 225ff.

[16] Siehe hier Kienpointner, Manfred: Vernünftig argumentieren. Reinbek bei Hamburg 1996.

[17] Siehe hier Yalom, Irwin D.: Der Panama-Hut oder was einen guten Therapeuten ausmacht. München 2002. Aus dem Amerikanischen von Almuth Carstens.

[18] Genaueres zu diesem *Ungewissbleiben* können Sie wiederum in meinem Buch „Anwenden und Deuten" nachlesen.

[19] Bzw. bei Eigentumswohnungen die Eigentümer der Wohnungen.

[20] Der Themenkomplex „Strategien" bzw. die Frage „Ist es überhaupt sinnvoll, Strategien anzuwenden?" wird im dritten Kapitel „Konflikt mit Nachbarn" ausführlich besprochen.

[21] Siehe dazu in den Kapiteln zwei, vier und sechs, wo dies ausführlich besprochen wird.

[22] Natürlich ist für diese Basis auch wichtig, dass Sie die geeigneten Fähigkeiten für diesen Job haben und dass Ihre Arbeitsbereitschaft und das kollegiale Umfeld stimmen.

[23] Würde man diese Haltung philosophisch formulieren, hätte man es mit einer Ausprägung des „Willens zur Macht" zu tun, den nur ein „Übermensch" aushalten und in die Tat umsetzen kann. Das bedeutet, dass es laut dieser von Friedrich Nietzsche zuerst vertretenen Auffassung keine höheren Werte gibt, außer den „Willen zur Macht". Alle anderen Wertvorstellungen sind demnach nur Verdrängungen dieses obersten Wertes. Sich dies bewusst zu machen und danach zu handeln, also nicht mehr in die alten von der Religion oder der Moral bestimmten *illusionären Wertvorstellungen* zurückzufallen, würde aber nur eine neue Art von Menschen schaffen, von Nietzsche „Übermensch" genannt (siehe dazu Nietzsche, Friedrich: Also sprach Zarathustra. In: ders.: Werke in drei Bänden. Hrsg. von Karl Schlechta. München 1954. Band 2. S. 275–561. Und ders.: Aus dem Nachlaß der Achtzigerjahre. Band 3. S. 415–925).

[24] Damit wäre auch schon die erste Antwort darauf gegeben, warum es nicht sinnvoll ist, Strategien anzuwenden.

[25] Um nicht in Klischees zu verfallen, wird dabei im ersten Teil des Dialogbeispiels die Ausgangslage noch konkretisiert, damit Sie einen besseren Eindruck einer möglichen Situation gewinnen können! Erst im zweiten Teil wird in zwei Schritten gezeigt (erster Schritt: Vier-Augen-Gespräch, zweiter Schritt: Gespräch in einer größeren Gruppe), wie eine Kontaktaufnahme in dieser Situation sein könnte.

[26] Was dabei „Einigung" genauer bedeutet und wie ein dadurch bestimmtes Leben nach diesem Konflikt aussieht, das wird im folgenden Kapitel „Konflikt mit Nachbarn" ausführlich besprochen.

[27] Am besten wäre es, wenn dies alle beide Seiten versuchten.

[28] Wenn das Nachbar-Paar zur Miete wohnt, bedeutet das natürlich vorher, sich an den Vermieter zu wenden.

[29] Das gilt natürlich in einem Kollegenkonflikt genauso. Darum kann das nun Folgende auch auf diesen Konflikt übertragen werden.

[30] Das mag für viele von uns sehr idealistisch klingen! Aber es ist so: Je näher wir der Wahrnehmung sind, umso angemessener ist es! Auch wenn uns das andere Menschen, die in Machtvorstellungen verfangen sind, oft sehr schwer machen, einzusehen. Vor allem wenn sie uns klar zu machen versuchen, wie sehr man sich durch große und kleine Tricks Vorteile verschaffen kann. *Und man blöd sei, wenn man das nicht tut, weil das ja jeder mache!* Aber im Kleinen wie im Großen betrügen sie sich dadurch nur selbst. Denn sie sehen so sowohl andere als auch sich selbst immer nur als Mittel zum Zweck. Weder können sie auf dieser Weise zu anderen Menschen liebevolle Beziehungen aufbauen noch zu sich selbst. Sie leben auch nicht im „Hier und Jetzt". Spätestens bei schweren Krankheiten bzw. in der Nähe zum Tod müssen das auch diese Leute einsehen. Denn es gibt dann keine Tricks und keine Strategien mehr, mit denen man dabei sich durchmogeln kann.

[31] Siehe dazu Anmerkung 23.

[32] Brodkey, Harold: Eine nahezu klassische Story. Reinbek bei Hamburg 1996.

[33] Siehe im zweiten und dritten Kapitel.

[34] Mit allen werden Sie vielleicht nicht auf eine neue Basis kommen. Das muss auch nicht sein. Es ist nur wichtig, dass die Mehrheit der Gruppe nach dieser Auseinandersetzung Sie nicht mehr als Außenseiter behandelt und vor allem eine Gruppenentscheidung darüber erfolgt, Sie zu integrieren.

[35] Obwohl das Gespräch in diesem konkreten Beispiel in Englisch abläuft, schildere ich es hier – der Einfachheit halber – in Deutsch.

[36] Dasselbe gilt für meine Einteilung in Anfänger, Lügner, Wüterich und Meister. Auch sie darf nur als Orientierungshilfe aufgefasst werden.

[37] Fried, Erich: Liebesgedichte. Berlin 1979. S. 39.

[38] Bzw. mit Ihrer Lebensgefährtin.

[39] Ein sehr gutes Beispiel, was es heißt, im „Hier und Jetzt" zu sein, ohne Strategien, die sich davor stellen, gibt Dürckheim in seiner (Nach-)Erzählung einer japanischen Katzengeschichte aus dem 17. Jahrhundert. Hier wird sehr deutlich, wer ein Meister im

In-Kontakt-Sein ist. Siehe Dürckheim, Karlfried Graf: Die Geschichte von der wunderbaren Kunst einer Katze. In: ders.: Zen
und wir. 2. Aufl. München 1984. S. 123–132.

Bibliografie

Aikin, Jim: Ein ziemlich schwieriger Fall [Ein Interview mit Keith Jarrett]. In: Fachblatt. Das Music Magazin. August 1980. S. 60–67. [Ohne Angabe des Übersetzers.]

Bandler, Richard: Unbändige Motivation. Angewandte Neurodynamik. Paderborn 1997. Übersetzt von Vukadin Milojevic.

Ders. und Grinder, John: Neue Wege zur Kurzzeit-Therapie. Paderborn 1988. Hrsg. von Hilarion Petzold und übersetzt von Thies Stahl.

Baum, Tanja: Die Kunst, freundlich „Nein" zu sagen. Frankfurt/Main u.a. 2001.

Brodkey, Harold: Eine nahezu klassische Story. Reinbek bei Hamburg 1996.

Dürckheim, Karlfried Graf: Zen und wir. 2. Aufl. München 1984.

Fried, Erich: Liebesgedichte. Berlin 1979.

Fromm, Erich: Die Kunst des Liebens. Frankfurt/Main 1979.

Harnoncourt, Nikolaus: Der musikalische Dialog. 2. Aufl. München 1988.

Heinrich, Klaus: Versuch über die Schwierigkeit nein zu sagen. 4. Aufl. Frankfurt/Main u. a. 2002.

Herriegel, Eugen: Zen und die Kunst des Bogenschießens. 24. Aufl. Bern 1985.

Kastenbauer, Georg: Anwenden und Deuten. München 1998.

Ders.: Hinweise zum Glück. München 2001.

Kienpointner, Manfred: Vernünftig argumentieren. Reinbek bei Hamburg 1996.

Marks, Isaac: Ängste. 2. Aufl. Berlin u. a. 1993. Hrsg. und u. a. übersetzt von Patrizia Winter.

Nietzsche, Friedrich: Werke in drei Bänden. Hrsg. von Karl Schlechta. München 1954.

Wittgenstein, Ludwig: Philosophische Untersuchungen. In: ders.: Werkausgabe. Bd. 1. Frankfurt/Main 1984.

Yalom, Irwin D.: Der Panama-Hut oder was einen guten Therapeuten ausmacht. München 2002. Aus dem Amerikanischen von Almuth Carstens.